NEW BRAND STRATEGY

世界のマーケターは、いま何を考えているのか?

廣田周作
SHUSAKU HIROTA

CROSSMEDIA PUBLISHING

今、マーケティングで重要なのは、
「未来への約束を守ること」です。

マーケターを取り巻く環境は、激変しています。

マーケティングの最優先事項だった、
消費者のニーズが見えづらくなり、
逆に、企業のふるまいそのものは、
ＳＮＳを通じて消費者から見えるようになりました。

一方、深刻なダメージを受けている環境や
コミュニティへの関心も高まっています。

そんな複雑で難しい時代に、
マーケティングは、何ができるのでしょうか?
そして、何をするべきなのでしょうか?

本書では、世界中の企業やブランドの事例を通じて、
その答えを探っていきます。

世界のマーケターの取り組みから
マーケティングの〝新たな可能性〟と〝面白さ〟を
見つけたいと思います。

はじめに

マーケターは嫌われる仕事？

現代は「いい会社」や「いいブランド」とは何かを定義することは、とても難しい。また、**「いいマーケター」を定義することも非常に難しい。**

もちろん、企業として売上をあげ、利益を継続的に出せるのは「いいこと」だとされています。しかし、その会社が持つ社会的インパクトや、環境へのインパクトなど、質的な「利」とは何かを考え始めると、途端に難しくなるのです。

かつて「とにかくモノがなかった」時代には、みんなが多少無理な労働をしてでも、世の中に物資を行き渡らせることができれば、「善」であるという社会的な合意があったはずです。その時代には、働いている人に、やりがいもあったでしょう。

マス広告だって、それなりに立派なものだと思われ、日本ではクリエイティブな「文化」として、尊敬すらされてきました。

効率的にモノをつくって、売上・利益を継続的にあげ、「明日はもっと物質的に豊かになる」ことが、社会にとっても大事（＝正義）だったのです。企業にとっては、「売上をあげること」こそが、社会貢献だったのです。

しかし今は、企業として利益をあげていることや、多くの人に企業名を知ってもらうことだけが、「いい会社」の条件なのでしょうか？　明日の売上のために、燃え尽き症候群になっているマーケターは周りにいませんか？

1円でも多く利益を出すために、あまり意味を感じられない作業をやって、メンタルまですり減らす必要はどこまであるのでしょうか？

文化人類学者のデヴィッド・グレーバーに、『ブルシット・ジョブ』という本があります。グレーバー氏は、この本の中で、現代の仕事の多くが「ブルシット（クソどうでもいいもの）」だと喝破しています。

身も蓋もない話ですが「実はこの仕事、意味ないよね」と、私たちが心の中で薄々感じていたことを、グレーバー氏は見事に指摘したのです。

そして、**まさに「マーケティング」にも「ブルシット」な側面があります。**

実際、これだけモノが溢れている時代に、マーケターなんて、生産者や、医師や看護師などのエッセンシャルワーカーに比べたら、圧倒的にどうでもいい職業なのかもしれません。

マーケティング業界を現在飛び交っているバズワードを追っていると、私はよく大企業の幹部の人たちが身につけている、「ＳＤＧｓバッジ」を連想します。


あなたの会社の上司にも、バッジをつけている人はいませんか？

バッジをつけている偉い人は、誰のために、そのバッジをつけているのでしょうか。どこかの新興国の若者のため？　サステナビリティのため？

バッジをつけている人に限って、環境やダイバーシティについて、表面的になぞっているだけの人が多いように見えます。私たちは、そんな人たちを信頼できるでしょうか？

もちろん、ＳＤＧｓについて真剣に考えて、バッジを身につけている人もいると思います。しかし、そうでなければ、ＳＤＧｓバッジなんて「クソどうでもいい」ですよね。

きっと偉い人たちは、新しいトレンドのバッジが出てきたら、さっさとそれにつけ替えるのでしょう。次はウェルビーイング推進バッジあたりがきそうですが……。

そもそも、バッジひとつで、世の中の何が変わったと言えるのでしょうか？

本来実体のある言葉も、日本ではなぜかマーケティングのバズワードのようなかたちで消費され、手段が目的にすり替えられ、トレンドが去った時には、結局何の話をしていたのか、みんなが忘れてしまうように私には見えるのです。

そして、**それがずっと繰り返されている。**

次から次へと「トレンド」ばかりが変わっていって、まさにバッジをつけ替えるように、なんとなくそれを身につけたような気がするけれど、実際のところは何の責任も持たずに「何か言ったふう」なだけ。気がつけば、もうほかのトレンドに心を奪われている。この「暖簾《のれん》に腕押し」の感覚こそ、燃え尽き症候群、ブルシット・ジョブの始まりです。

では、どうやったらマーケティングは、「何か言ったふう」を乗り越えて、実体的な価値を生み、クソどうでもいい仕事ではなくなるのでしょうか？　それは、正直難しい問いではあります。しかし難しいからこそ、私は本書を通して、考えてみたいと思ったのです。

あまり言われることはありませんが、正直、マーケターは嫌われる職種だと思います。マーケターは、満ち足りて暮らしている人に近づいては、頼まれてもいないのに、気を引いたり、不安にさせたり、プライドをくすぐったりして、余計にモノを売りつけているからです。

すでに多くの服を持っている人に「これは、あなたが今着ている服よりも、サステナブルな素材でできているんです。だから新しく買いませんか？」とマーケティングする矛盾。せっかく、いい気分で映画を見ていたのに、もろにターゲティングされたプレイスメント感のある広告を見せられたり、いいことを言ってるふうに近づいてきて、最後に保険商品なんかを売りつけられると、やっぱり不愉快ですよね。

しかし、この資本主義社会で生きていく上では、同時にマーケティングの視点は欠かせないものでもあります。

どんなに硬派な意見を発信している社会派雑誌だって広告を入れたり、裏では販売部数を結構気にしたりしているし、政府だって立派なことを言いながら、裏でゴリゴリに支持率を気にしています。

科学だってプロモートする必要があるだろうし、芸術も資産価値をめぐるゲームからは自由ではありません。ある意味、全員がさまざまなかたちでマーケティングに関わっているんです。いやはや難しい。

では、どうしたら我々専業のマーケターは、嫌われずに、居場所や、やりがいを見つけられるのでしょうか？　もちろん、世間から脚光を浴びる必要まではないけれど、**マーケターとして、イチ実務者として、手のひらサイズくらいのプライドは持ちたい。**

そこで、私は、「世界中の優秀とされるマーケターは、今何を考えているのか？」を知ろうと思いました。

「よい」と評判の最先端のブランドはどのような活動をしているのか？　イケているとされているブランドはどのような社会的イシューと向き合っているのか？　世界のマーケターは、どのようにしてコミュニケーションのスキルに磨きをかけているのか？　仕事の意味をどこに見出しているのか？

本書では、世界中の企業やブランドのさまざまな活動事例や、生活者のインサイトに関する考察を通して**「これからのマーケティングには何がやれるのか、またやるべきなのか」**をさまざまな角度から検討していきたいと思います。


それから、「これから」のマーケティングについて考えることは、また同時に「誰のために」「何のために」マーケティングをやるのか？　を新たに問い直すことでもあります。

資本主義社会において、会社は基本的には株主のものです。だから株主の視点で、利益を追求するのは当たり前です。

しかし、会社は株主以外にも、お客さん、従業員、ステークホルダー、地域コミュニティや環境など、さまざまな関係性の中で、微妙なバランスを取りながら成り立っている存在でもあります。

１９７０年代に、経済学者のミルトン・フリードマンは、企業は経済的責任以外のことを考慮すべきでなく、ただ株主の利益のために行動するべきであり、そのことが結果として社会の豊かさの実現につながると主張しました。

この考え方は、当時は一理あったのかもしれませんが、ＣＳＲやＣＳＶという言葉をすでに知っている私たちからすると、ちょっとおかしなことを言っているように感じます。

問題は、この半世紀で経済が、社会や文化、政治、環境を脅かすほど、大きな存在に膨れ上がってしまったことにあります。

ミルトン先生も当時、経済が、ここまで地球環境やローカルコミュニティを破壊してしまうとは、予想していなかったのではないでしょうか。悲しいかな、現代は、何でもかんでも、まず損得勘定で決まってしまいます。

でも、そもそも「経済」が成り立つためには、自然資源がなければならないし、政治も社会も安定していなければならない。それなのに、こんなに経済ばかりが威張っていていいのでしょうか。その限界が、今見えてきているのだと思います。

ミルトン先生には申し訳ないけれど、**現代のマーケティングの意義は、経済だけ切り出して論じることができない、社会や文化、環境との抜き差しならない「複雑な関係性」の中にある**のです。

私が、冒頭に述べた「本質的に利益の〝利〟とは何を意味するのか？」の答えを探るには、まさにこの「複雑な関係性」について考える必要がありそうです。

これはとても難問です。簡単に、この複雑な時代のマーケティングの意義を導き出すことはできそうもありません。

私たちにやれることがあるとすれば、世界中に目を向けて、マーケティングを取り巻く環境がいかに変わっているのか、つまりマーケティングの「外部」である社会や政治、文化との間に、どのような関係が結ばれつつあるのかを丹念に調べ上げ、それぞれの現場での実践とその意義やインパクトを具体的に知ることです。

また調べた上で、「どんな未来だったら、マーケティングは人々に希望を与えられるのか」という議論を、多くの人たちと真剣に行うことです。

マーケティングが、社会や環境、次世代を担う人々に対して何ができるかを、真剣に模索してみたい。「勝ち抜くマーケティング」ではなく、「価値残すマーケティング」をみなさんと一緒に考えてみたい。

それが日々、マーケティングの現場で仕事している私なりの問題提起です。

今、世界全体の消費者のうち、約40％をジェネレーションZ（Z世代）が占めるといわれています。Z世代とは、一般的に1990〜2000年代終盤までに生まれた世代を指します。

明らかに彼ら・彼女らが、これからの「会社」や「ブランド」を左右する時代になります。やはり、未来の希望を考えるのであれば、「次の世代」に、マーケターは何ができるかを真剣に考えることが必要になります。実際、多くの企業はZ世代を、次の来るべき「市場」とみなして、さまざまなマーケティングを仕掛けています。

しかし、本当に仕掛けているのは、どちらなのでしょうか？

当然、彼ら・彼女らは、単純に「モノを売りつけられてうれしい」と考えているわけではありません。

「消費アクティビズム」という言葉がありますが、むしろ、Z世代の人々は「買い物は投票」だと捉えており、消費力を用いて悪い企業を淘汰させようとしています。つまり「**自分たちの未来は、自分たちの力で変えられる**」と考えているのです。

次世代の人たちにマーケティングは何ができるのか？　また「未来の社会」に対して、マーケティングは何ができるのか？　ということも、考えていきたいと思います。

本書は、まだ全く出口の見えないコロナ禍の中で書かれています。

暇つぶしに過ぎないような、くだらないアプリをつくっているスタートアップの資金調達がニュースになる一方で、破産者や自殺者が増えていると報道されています。

世界最高の経営者こそ、多くの労働者の〝犠牲〟の上に成り立っている世界。はっきり言って、冷笑的にならざるを得ない気持ちはあります。

それでも「未来は自分たちでつくっていける」と私たち自身も信じられるのなら、本書が、マーケティングに何ができるのか、みなさんと対話するきっかけとなれば、うれしいです。

NEW BRAND STRATEGY

世界のマーケターは、いま何を考えているのか？　目次

第2章 世界的な消費者インサイトを読み解く

第3章 コミュニケーション・エンゲージメントの潮流

第1章

マーケティングとは、未来への約束を守ること

これまでビューティ業界は、セレブリティや大手メディアなどの「エスタブリッシュメント」がトレンドを定め、マスイメージを通して、人々の欲望を操作し、「需要」をつくり出してきました。しかし、その流れが変わろうとしています。「トレンドの正解」を、業界側が一方的に消費者に対して押し付けるのではなく、「あなた自身に備わっている・よさを引き出すにはどうすればいいのか」という視点が、ビューティ業界の内側から生まれ始めているのです。その一番象徴的な例が、Fentyです。

Fentyの衝撃　「Beauty for All」

Fenty《フェンティ》というブランドをご存じでしょうか。Fentyは、バルバドス出身で、現在米国で活躍しているアーティストのリアーナ・フェンティが立ち上げたブランドです。

リアーナと言えば、音楽の世界で多くのビッグヒットがあるので、アーティストとして知っている人も多いと思うのですが、実は、アパレルやビューティの業界において、事業家としても大成功しています（現在、アパレルについては、休止中［※1］）。

Fentyにはビューティ事業があり、彼女の音楽のファンのみならず、広く支持されています。

なぜ、支持されているのかと言えば、**リアーナが、黒人の女性として「なぜ自分の肌の色に合うファンデーションが売られていないのか？」という視点を持って、さまざまな肌の色の人たちに合う化粧品を開発しようと企画した**ところに理由があります。

「なぜ、ビューティ企業は白人のモデルばかり起用するのだろう？」「なぜ、自分の肌の色に合ったメイク用品がないのだろう？」そう思っていた人たちから、リアーナの「気づき」に対して、大きな共感と支持が集まったのです。

Fentyが謳《うた》っているのは、「Beauty for All」。
つまり、「すべての人たちにビューティを」ということ。

既存の美容業界は、セレブリティや大手メディアなどの「エスタブリッシュメント」が中心となって、ビューティのトレンドを決めてきました。ビューティのブランドは、広告を通じて「今、これがトレンドのスタイルなので、みんなもここに憧れてください」というメッセージを発信し、煽《あお》り続けてきたわけです。

ビューティ業界は、トレンドをつくり、フォロワーに追いかけさせるという「憧れの連鎖」を、広告活動を通じて巧みに構造化してきたとも言えます。

しかし最近、「ビューティとは誰かから押しつけられるものではなく、使う人自身を表現するツールである」という考え方が出てきました。

「ビューティは自己肯定感をあげるもの」、あるいは「自分を表現するもの」「アイデンティティを守るための道具」というように、美の在処《ありか》を「メディアやセレブリティ側が持っているもの」ではなく、「あなたの中に本来あるもの」だとする考え方です。

今、支持されている美容ブランドは、既存の業界とユーザーとの関係を逆転させ、「ビューティは、ユーザーの中にある魅力を引き出し、肯定するツールだ」と再定義し始めているのです。

２０２１年、バイデン大統領の就任式に参列していたミシェル・オバマ氏が、身につけていたアイライナーが、まさにFentyのものだったのは記憶に新しいでしょう。

私は、これは非常に象徴的なシーンだったと思います。もちろん、当のFentyにしてみればプロモーション的な側面もあったでしょう。

ただ、それ以上に、「ミシェル・オバマがFentyをつけていた」こと自体が、多くの人を励ます大きなパワーを持っていたのではないでしょうか[※2]。

大手企業が真似できなかったもの

この話を聞いて「たかだか、アイライナーやファンデーションにさまざまな色を加えただけでしょ」と思ってしまうと、本質を捉えることはできません。

資本力のある大手の化粧品メーカーであれば、表面だけを真似ることは簡単にできます。実際、ある企業が、Fentyよりも色の数を増やしたファンデーションを発売しましたが、鳴かず飛ばずの結果でした。売り方だけ真似をして、何色ものファンデーションを出したとしても、リアーナの気づきや勇気、振る舞いが抜けてしまえば、ブランドとしては支持されないのです。

ブランドとして重要なのは、リアーナのように「**本気で未来への約束ができるか**」ということなのです。

つまり、現代のブランドは、技術力や商品ラインナップだけではなくて、**お客さんと向き合う姿勢や、振る舞い、「世の中を本気で変えていこう」とする勇気が問われている。**かたちだけ真似をしても意味がないんです。

「多様性が流行っているから、ブランドのアンバサダーにレインボーカラーのドレスで登場してもらおう」といった表面的な企画では全くダメなんですね。そういう「おためごかし」は、簡単に見抜かれてしまいます。

もちろん、リアーナが「言っていること」のみならず、それを「体現しているプロダクト」も高いクオリティにあることが大事です。

思想的な約束をするのであれば、当然品質も高くなければなりません。モノも、製造プロセスも、信念も、売り方も、ブランド活動、ブランド接点、すべてに一貫性が問われる時代になったのです。

今、未来への約束が問われている

マーケティングの教科書では、市場のどこにニーズがあって、どこにターゲットがいて、その人の課題は何かを細かく特定して、それを解決していくことが必要だと習います。いわゆる、コトラーのＳＴＰ戦略ですね。要は消費者のニーズを掴み、そのニーズを満たせばプロダクトは売れるということです。

しかし、現代はＳＮＳなどを通して、企業の姿勢そのものが人々に見えやすくなったこともあり、単に消費者のニーズを満たしていれば売れるというわけにはいかなくなっています。

これまで、消費者に見えているのはせいぜい広告かプロダクトだけで、企業内の活動は「密室」で行われていても、問題視されることはありませんでした。

しかし、情報公開や、透明性が求められるようになると、企業の経営者の思想や発言、製造プロセス、従業員の振る舞い自体が大いに問われるようになったんですね。スキャンダルも揉み消せなくなっています。

そこで、ニーズを満たすこと以上に重要になってきているのが「**企業が消費者に、どこ**

まで未来の安心を約束できるか」ということなのです。

ブランドのストーリーや思想はもちろん、それをどのようなプロセスでかたちにしているのか、どのように売ろうとしているのか、具体的な行動も問われているのです。

ここで、ちょっと悪いケースですが、ヴィクトリアズ・シークレットの事例を紹介しましょう。

同社は高級女性下着メーカーで、毎年、派手なショーをテレビで中継したりして、話題をつくってきた会社です。

しかし、2018年に同社の幹部のひとりが、ショーにLGBTQのタレントやモデルを起用しないということを発言して大問題となりました[※3]。大変なスキャンダルとして、ニュースで取り上げられたこともあり、みなさんの記憶にも新しいと思います。

その下着がいかに、高級で素晴らしいデザインであったとしても、幹部の思想や振る舞いに差別的な視線があったことで、不買運動にまで発展してしまったのです。そして、その直後、同社の株価が半減する事態に陥いりました[※4]。

ちなみに、私は、たまたま見たネットフリックスのドキュメンタリーで、かの「児童売春」で有罪となったジェフリー・エプスタインが、一時期、ヴィクトリアズ・シークレットの幹部だったという話を知り、さらにゾッとしました[※5]。

対照的に、先述したリアーナは、当時、ヴィクトリアズ・シークレットの顛末を意識して、彼女らしく、インクルーシブな視点を大事にした下着のブランド「Savage X Fenty」を立ち上げることを宣言し、大きな共感を集めました。

面白いことに、このリアーナの立ち上げた下着ブランドの「Savage X Fenty」のショーに、これまでヴィクトリアズ・シークレットのショーに出ていたモデルたちが、一斉に出演したのです［※6］。

もちろん、下着そのもののデザインに関する好みや機能性の違いはあるかもしれませんが、「一連の顛末を見て、あなたはどっちのブランドを支持しますか」と問われた時、圧倒的にリアーナのブランドに支持が集まるのは想像に難くありません。

リアーナは、さまざまな体型の人にも似合うサイズの下着をつくり、「包摂性《ほうせつせい》の高いブランド」を通して、未来への約束を人々と結ぶことができたのです。考え方、行動、プロダクト、これらすべてに一貫性があることが、ブランドにとって非常に重要なのです。

価値観が多極化する中で、いかに共感されるか

最近「今までのようにモノが売れない」そんな声をよく聞くようになりました。それもそうです。市場が成熟し、モノやサービスが溢れている中で「まだ行き渡っていないけれど、『みんなが欲しい何か』がある」という考え自体が幻想に近いのです。

一方で、局所的にはモノが売れている市場もあります。先ほど紹介したリアーナのブランドはもちろん、こだわりの強いハイブランドの製品はなかなか手に入りにくいですし、ヨーロッパで流行っている競技用のe-bikeなどは、あまりの人気で購入までに1年以上待たなければなりません（2021年10月現在）。

私個人でいえば、京都にあるサンガインセンスというお香のD2Cブランドからラベンダーの香りの線香を購入しようとしていたのですが、見るたびに売り切れていて、一時期、なかなか手に入らないこともありました。

グローバルのマーケティングの世界では、**こういった局所的にモノが売れる現象を、よく「マスニッチ」という言葉で説明しています**［※7］。

これは、一見ニッチなインサイトでしかないけれど、よくよく掘り下げてみると、意外にも「実は、私も気になっていたんだよね」と多くの人からも共感を得られるという意味合いで使われるマーケティングの用語です。

例えば、米国に「Modern Elder Academy」という、離婚をしたり、仕事を失ったりと、人生の難しさや苦さを味わっているような、「中年の危機」に悩む大人向けの研修サービスがあります［※8］。つらい経験をしている人たち同士が集まって、お互いに悩みを語り合うことで、一緒につらさを乗り越えていこうとする試みです。

当初は、相当ニッチなサービスだと想定して開始したそうなのですが、蓋を開けてみると、実は、多くの人が「そういう場こそ、求めていた」ということで、思わぬ反響があったそうです。まさに、マスニッチの事例と言えます。

「みんなのトレンド」なんて、もうない!?

モノがなかった時代には、「平均的なニーズ」を考えるセンスがあればモノは売れました。平均的なサラリーマンであれば、こういうスーツを着るはずだ。こういう栄養ドリンクを飲むはずだ。こういう車が欲しいはずだ。平均的な主婦であれば、きっとこんなドラマを見るはずだ。こういう服が欲しいはずだ、というように。

しかし、そのような「平均的な人」は、今存在しているのでしょうか。立ち止まって考えてみると、全部が平均みたいな人なんてどこにもいませんよね。

現実に暮らす人々は、年収も、趣味も、暮らし方も、仕事の内容も、もはや、みんなバラバラです。貧富の差が広がり、二極化しているといわれますが、価値観に絞っていえば、二極どころではなく、多極化しています。

例えば、昔はよく売れていた「総合ライフスタイル系ファッション雑誌」の部数が、ここ10年で激減していますよね。

出版社の人は、出版部数の激減の理由を、「デジタル化」への対応の遅れであると考えがちですが、私は「平均＝マス」向けの「ライフスタイル」なんて、もう存在しなくなってしまっていることの方が原因として大きいと思います。雑誌でまとめられるよりも、個々にインスタグラムで好きなインフルエンサーを追いかけていた方が参考になるからです。

もう、「平均的なトレンド」への需要はないのかもしれません。

アパレル業界だって、ビッグサイズや、スモールサイズを扱うようになっていますよね。

3Dプリンタなどの技術を用いながら、その人のサイズにぴったりと合った縫製をするアパレルも増えてきています。例えば、スタートアップ企業のunspun《アンスパン》は、3Dプリンタを使ってすべての人にぴったりのジーンズをつくることを売りにしています［※9］。

1人のインサイトを掘り下げた先に、共感は生まれる

よく、「これからの時代は、モノじゃなくて、コトを売るんだよ。やっぱり体験だよ」なんてわかったような、わからないようなことをいうマーケターがいますが、「モノか、コトか」という議論に、私はそんなに意味はないと思っています。

「ニッチでも、価値観がはっきりあるモノやコト」は売れるケースがあるけれど、「全員が買う」という現象がなくなっただけではないでしょうか。私は、今後のブランドのヒット事例は、マス的な発想からはもう出てこないと思っています。

マスニッチのように、ある少数の人のインサイトを深く掘っていくと、意外にも多くの人にも共感されるようなヒットはあっても、最初から「平均的なみんな」を想定するマスマーケティングの発想からは、深く共感される価値を導くことが難しくなってきているからです。

先ほど言及した**Fentyはまさに「平均」ではなく、「私（たち）」から発想されたブランドでした。**平均的消費者像を描いてみたり、最大公約数的な価値観を延々議論したりするだけでは、到底「ヒット作」をつくれなくなっているのが現実です。

ユーザー一人ひとりが、「主人公」になる時代

Refinery29《リファイナリー》という、アメリカのニューヨークから広まった、ファッションやビューティをテーマにしたオンラインメディアを知っていますか。

今や、VogueやElleなどの大手オンラインメディアのアクセス数をしのぐとまでいわれている、新興の分散型メディアです。まさに、このメディアも既存のファッションや、美容業界の考え方をひっくり返そうとしています。

私も過去、2度ほどニューヨークのオフィスを訪問させていただいたことがあるのですが、とても活気に溢れたメディアカンパニーだなという印象でした。

同メディアは「私たちは、女性たちがビューティを自己表現の手段として使いこなせるようにツールとしてのビューティ情報を女性に提供します。私たちは、女性に力を与えます。私たちは、ビューティのあり方を再定義するメディアです。私たちは、既存の慣習を

変えることに挑戦し、伝統にとらわれないものを支持し、今日の美容界で最も影響力のある〝声〟として読者との会話をリードします」と、自らのコンセプトを語っています。

要するに、Refinery29は**「トレンドを押しつける」のではなく「対話して、価値観を引き出す」**アプローチで成功したメディアだといえます。

基本は、ファッションや美容に関係する記事が多いのですが、政治社会やアイデンティティに関する記事も多いのも特徴です。記事の文体も、「みんなはどう思う?」と語りかけ、対話を活性化させるように気を配っています。

あなたのよさを、引き出すためにはどうすればいいのか

「対話して引き出す」のは、従来のマス広告中心のマーケティングにはあまりなかった姿勢で、セレブリティを模倣させたり、読者にトレンドを押しつける従来のやり方とは一線を画すものです。

あなた自身の表現の幅を広げるにはどうすればいいのか、あなた自身のよさを引き出すにはどうすればいいのか、という視点をブランド（Fenty）やメディア（Refinery29）が明確に持つことが大事です。**ユーザー自身が「主人公」として関与できる関係性が支持されているのです。**

言い換えれば、企業が消費者を型にはめ、一斉にマス広告を投下し、同じ製品をたくさん売りつけるという態度は、もはや支持されなくなったということです。

あくまで語るのはユーザーであり、ブランドはそのサポートに回るべきなのです。

ところで、マーケティング戦略を立案する際に、「パーソナライズ」という言葉をよく聞くようになりました。これは、企業がお客さんに関連するパーソナルデータや、ビッグデータを用いて、お客さんの特性に合わせた商品やサービスをレコメンドするという意味で捉えられています。

ですが、本来はユーザー側の論理に、企業が合わせるという意味で使うべき言葉だと思います。例えば、**ユーザーが主人公になった場合、どのように企業としてサポートできるのかという視点**ですね。パーソナライズして売りつける発想ではなく、パーソナライズして関与してもらう視点が大事です。

よく見かけるようになった「ボディ・ポジティブ」という言葉も、この文脈で考えるとわかりやすいと思います。

いままでは、〝痩せてシュッとした〟体型のモデルがビューティのスタイルを牽引してきました。しかし、世の中にはさまざまな体型や体格の人がいます。

そして、人が何を美しいと思うかは、多様でいいはずですよね。

誰にもジャッジされる必要はなく、自分で自分に自信があればそれでいいんです。

お客さん側からすれば、メディアやブランドが勝手に決めた「美しさの正解」を押しつけられても、人によっては、そこに居場所がないと感じてしまいます。

「これが美しい」という発信は、同時に「あなたは美しくない」という意味を言外に伝え、疎外感を与えてしまう場合もあるのです。

そうではなく、やはり**「ビューティはあなたの中にあり、それを引き出すためにはどうすればいいのか」**という視点が重要です。

ちなみに、ここで公正のために述べておきたいのは、Refinery29のような「リベラル」なメッセージを売りにしている企業でさえ、「上層部は、白人女性ばかりが声が大きく、差別的で、有害な職場だ」という声が内部から上がり、編集長が交代するようなニュースがありました。念のため、ここでお伝えしておきます[※10]。

「100%素晴らしい」とは全面的に紹介できないところに、現代のブランドの難しさがあります。

いやはや。

「みんなが使ってる」よりも「私が推せる」方が大事

かつては「みんなが知っている状態」を目指すことが、ブランドにとっての最重要課題でした。なぜなら「有名な会社ならきっと安心だ」と考えられていたからです。

しかし、先ほど述べたように価値観やライフスタイルが多様化した今、**問われているのは認知度ではなく、社会や環境に対してどのような取り組みを行っているのかという「ファクト」と、それに基づいた「ブランド・プロミス」です。**

要するに会社の規模よりも「まともなブランド」なのかどうかが、よりシリアスに問われるようになったわけです。「知ってる」と「推したい」は全く違うんです。

では、そもそも、なぜ消費者との「約束」が重要になったのでしょうか？

ひとつは、明確にＳＮＳの影響があると思います。

想像してみてください。

最近、あなたはマス広告を見て何かを買った記憶はありますか？　あるいは、マス広告で見たものを友人におすすめしたことはありますか？

おそらく、パッと思い出せるものは、あまりないですよね。

モノを買う時のブランドの認知経路や、推奨の過程においてSNSが大きな役割を果たすようになると、「みんなが知っているもの」をわざわざ誰かにあえて教えてあげようとは思いません。また、誰かに教えてあげようと思う際、そのブランドがまともじゃないと、自分自身の信用も疑われます。

「え、なんであんなの、おすすめしてきたの？　センス悪いね」とは思われたくない。

例えば、私が友人に何かの健康食品をすすめる時、メジャーなものを、わざわざおすすめすることはないと思うんです。むしろ「これ、知ってる？」とまだ知られていないものをすすめて、ちょっと自慢したい。

また、成分や原料が安心できるものや、ブランドのストーリーがちょっとユニークな商品じゃないと、私自身の信用を失ってしまいますよね。

だからこそ、**「君は知らないかもしれないけれど、これはいいものだ」と言えるブランドこそが、支持を集める**のです。

D2Cがブームになっている理由も、本質は、ここにあるのではないでしょうか。

Glossier《グロッシアー》、allbirds《オールバーズ》、MVMT《ムーブメント》、Casper《キャスパー》など、最初の方に知った人たちは熱心に友人に「これ知ってる？」と話した経験があるはずです。私も随分話しました（笑）。

クチコミが重要な時代になると、製品のよさに加えて企業やブランドの姿勢が非常に重要になってくる理由はそこにあります。

よくマーケターが「ナラティブ」とか、「ストーリーテリング」とか言いますが、要するに**「こういう取り組みをしているブランドだ」と誰かに言えることが大事**なのです。

例えば、ブランドとして、製造過程にどのようなこだわりがあるのか、労働者とフェアな契約を結んでいるか、環境の負荷を考えているか、社内にハラスメントはないか、など。まさにFentyは、「こういうブランドなんだ」と語れる要素がいっぱいあります。

有名なD2Cも、広告に予算をかけずに、原価率を高くして製品の質をよくしていることや、動物実験などをしないことを誓うなど、人や社会、環境などに優しいエシカルな取り組みをしていることや、ダイバーシティ&インクルージョン（社会的包摂）への取り組みを熱心に語っていますよね。

「100%いい」企業なんて、存在しない

一方で、透明性が高まっている状況は、ブランドのチャンスにつながることばかりではありません。

どんなに多くの人から「いい企業だ」と思われていたとしても、必ずと言っていいほど、批判の声もあるのが、現代のブランドの難しいところです。

例えば、イーロン・マスク氏は、カリスマ経営者であり、世界をよき方向に導いてくれる信頼できる人に見えます。しかし、違う視点から見ると、不当労働行為を訴える従業員がいたり、「ほとんどの技術が買収してきたものであり、彼のアイデアではない」という痛烈な批判もあります。

つまり、「100％いい」会社なんて、存在しないと思った方がよさそうです。「仕事ができる人」が同時に「困った人・ハラスメントを起こす人」であることなんてざらにあります。

当たり前かもしれませんが、人間にも、企業にもいろいろな側面があることを認識した上で、屹然《きつぜん》とハラスメントには「NO」と言い、「どうしたらよくなるのか」を思考停止せずに考え、行動し続けることが重要です。

もちろん、過去の発言や行動を批判し、排除しようとする、安易なキャンセルカルチャーもよくないですが、ハラスメントがあること自体は、もっとよくないことだと思います。これは、本当に難しい問題ですが。

私が冒頭で「いい会社」の定義が難しいと述べたのも、この問題に関わります。

自分の胸に手を当てて、「私は100％正しい」と言える人がどれだけいるでしょうか。
とはいえ、「少しでもよくしていくこと」は絶対諦めてはならないことであり、ここを個人としても、ブランド・企業としてもどのように考えていくのか、これから大きな課題になっていくと思います。

ちなみに、「この複雑さ」に耐えきれず、ステルスマーケティングまがいのことをやったり、情報を隠したり、操作したりクチコミ自体を「買収」できないかと考えているような企業人もいます。

そういうのは本当に論外だと思います。基本的にはインフルエンサーや評判を「買う」という発想自体が危険だ、と思った方がいいし、間違っていると認識しましょう。

世の中には、自社に不利な書き込みやサイトを検索に引っかからないようにするための「逆SEO」なる手法があって、公然とそうしたサービスを「買っている」企業もあるわけですが、こういうのも、どこまで許されて、どこまで正当なものなのか、線引きが本当に難しいですよね。

とはいえ、ブランドや企業たるもの、高潔でいたいものです。

マニフェストのように未来を語れ

企業やブランドが戦略を語る際に、よく「ストーリーテリング」という言葉が使われます。これは顧客に対して、ブランドがいかに誠意を持って活動していくのかを物語として伝え、ユーザーに理解や共感をしてもらうことを指します。

「ストーリー」というからには、基本的には、「〝昔〟に何があって、〝今〟はこういうことをやっていて、〝未来〟はこう変える」というように時間の流れがあります。

例えば、過去に、創業者がどのような思いで会社を立ち上げ、現在は、どのような困難を乗り越え、製品開発を成し遂げてきたのか、そして未来には、ブランド活動を通じて、どのように社会に影響を与えていきたいのかを語る、これがブランドストーリーの構造です。

私は、**現代のブランドストーリーの中で、特に「未来」を語る部分が大事になっている**と考えています。

あらゆる領域で明確なニーズがなくなり、他方で環境やコミュニティが深刻なダメージを受けている今こそ、未来につながるブランドストーリーが必要になるのです。

また、「はじめに」で述べたように、Z世代は「買い物は投票である」と考え、「自らの未来は消費によって変えられるはずだ」という信念を持っています。

「買い物は投票」なのだとすれば、未来への約束は、選挙における公約にほかなりません。ブランドは、選挙に出馬した候補者のように、マニフェストとして、これまでに積み上げてきた努力や実績から、未来に何を約束できるのかを整合性と説得力を持って有権者（ユーザー）に語ることが求められるわけですね。

リアーナは、包摂性の高いブランドを未来に実現すると誓い、消費者もこれまでの彼女の活動や振る舞いを評価しているからこそ、「投票＝購入」する。

いいものだから「今買って欲しい」と伝えるだけではなく、**「いいものをつくってきたのだから、未来もこう変えられるはずであり、だから期待してほしい」**と語りかけることが重要なのです。

H&Mとナイキは、どのように語っているのか？

ストーリーテリングで未来への期待をつくっているグローバル・ブランドは数多くあります。例えば、H&Mはかつて、環境破壊や児童労働の問題で大きな批判を浴びましたが、改善するためにさまざまな取り組みを行っています[※11]。

H&Mは、環境に関する最新のテクノロジーを持つスタートアップ企業に対してアワード（「グローバル・チェンジ・アワード」）を設置し、優れた技術に出資をすることを、未来への投資というストーリーで明確に語っています。

また「未だ実現していない」アイデアに取り組んでいる企業にさえ、アワードを与える取り組みも始めました[※12]。

これは、**現在の取り組みや実践の具体策を通して、未来への期待を「物語る」**行為です。

もちろん、「今すぐにできること」も大切です。店内にリサイクルボックスを設置したり、今ある技術でアップサイクルできるTシャツを販売したりするなど、すぐにやれることはやった方がいい。

その上で「未来を具体的にこう変えたい、これを実現したい」というビジョンやパーパスを軸に新しいアイデアに、投資する行為もストーリーテリングにおいてはとても重要なんですね。

クラウドファンディングで資金調達がうまくいっている多くの会社は、**具体的な技術や実績を基にした、「これを実現させたら面白い」という明確なビジョンを持っています。**

もう1つ例を挙げましょう。

皆さんもご存じのブランドであるナイキでは、2018年、チーフ・サステナビリティ・オフィサーに、ノエル・キンダー氏が就任しました。ナイキは現在、彼を中心に環境への取り組みを行っています。

興味深いのは、これまで環境問題といえば、基本は各社がそれぞれの取り組みとして、個々に実践するものが常識でしたが、ナイキは、「環境活動は1社だけで行うのではなく、多様なステークホルダーやアイデアをつなげる必要がある」として、オープンイノベーションの必要性を訴え、さまざまな企業とのアライアンスを加速させる取り組みを始めたことです[※13]。

そして、2019年には、「Move to ZERO」というポリシーを発表しました。そのポリシーに基づいて、新設されたパリの旗艦店「Innovation House」は、完全な循環型の未来を示すモデルになっています[※14]。

2万6000平方フィートもある店舗は、すべて再生可能エネルギーで運営されていて、壁やディスプレイなどに、サステナブルな素材が8万5000kg以上も使用されています。また「Reuse-A-Shoe《リユース・ア・シュー》」と呼ばれる、履き終えたスニーカーをリサイクルするプログラムも導入されています。これはナイキに限らず、どこのブランドでも、履き潰したスニーカーを集めてきて「素材」として利活用し、「ナイキグラインド」というマテリアルに生まれ変わらせるプログラムです。

この旗艦店では店内の壁や床に、実際にナイキグラインドの素材が使用されています。サステナビリティに対する取り組みを徹底して「物語り」「実際に示す」ことで、ナイキはこれからも環境問題へのアクションを取り続けるだろうという期待値を高めているのです。

誰でも言えるメッセージでは響かない

一方、日本企業は、ブランドストーリーの「過去」と「現在」を語るのは上手ですが、「未来」を約束するのが苦手な傾向にあると私は思っています。

日本企業は、「創業者の言葉」を今も大事にしていることや「今回の商品のアイデアはここが面白い」「注目のスペックはここ!」という部分には、相当こだわっているのですが、「未来の社会をどのように実現するのか?」を語ることは、結構、苦手なように思います。

未来の社会の話になると、急に解像度が落ちがちなんですよね。

サウス・バイ・ウエスト(以下、SXSW)などの国際的なカンファレンスでも、なかなか日本のブランドのトップは、トークセッションに参加しないですし、プレゼンテーションがあったとしても、基本は用意された原稿を読み上げるだけです。「未来語り」がなかなかできない。

また、日本の大企業の理念は、どこも「人々の幸せな未来を実現する」とか、「活力のある明日を」など、誰でも言えるような当たり障りのないものが少なくありません。

未来をどのように変えて行きたいのか、その具体的な道筋、つまりパーパスやビジョンが曖昧な会社が多いように思います。

一般的なことばかりで、その企業「ならでは」のメッセージが弱いのです。

例えば、テスラには、「きっとこんな未来を実現してくれるんだろうな」と期待できる部分があります。

テスラのストーリーを聞いていると、たしかに、将来的には、自動運転技術が実装されたEV車を所有すると、自分が使用していない間には、それをロボットタクシーとして誰かに「貸し出す」ことが可能で、一部の収入をオーナーが得られることができ、環境にも負荷が低そうなモビリティのエコ・システムが実現していきそうな「期待感」が得られるわけです。そこには、解像度の高い「青写真」が見えてきます。

しかし、日本の自動車会社は、どのような未来をつくるのか、明確に約束しているように見えるでしょうか？　「燃費がもっとよくなる」や「スマートシティをつくる」「死亡事故をゼロにする」など、いろいろと語っています。

ただ、それが社会のどういう変化につながるのか、その青写真の解像度や実現度が、今ひとつわからないストーリーが多いように感じるのです。

物語には人々の理解を深め、納得性を高め、共感させる効果があります。

物語にすることで、「もっと続きが聞きたい」と思ってもらえるわけです。

「情報」と「物語」の違いは、納得性や共感性に表れます。また、物語には時間軸があるため、「私たちは、どこからきて、どこにいるのか。またどこへ向かうのか」を明確にする作用があります。

よくできたストーリーを聞くと、企業として進むべき方向がわかります。どこへ向かうのかがわかれば、その会社で働く社員も、自分たちが今取り組んでいることが、何につながるのかを明確に理解し、「意義」を持つことができます。

結果、社員を鼓舞しモチベートすることにもつながります。進むべき方向が、わかりにくい時代だからこそ、**「ものづくり」と同じくらい「ものがたり」も重要なんだと思います。**

物語によって、商品の価値は変わる

もし目の前に、明確なニーズがある場合、複雑なブランドのストーリーは必要ありません。喉が渇いている人がいるならば、なるべく素早く水を届ければいいのです。

それが、どこで採れた水なのか、どれだけの環境負荷があるのか、売上の一部がどのような団体に寄付されるのかは関係ない。「旨い、早い、安い」で十分ニーズは満たせます。

ブランドの戦略を考える時、日本の会社は「もっと便利で安くできれば売れる」という昔から同じような「ニーズ」の話をよくしています。

なぜか日本では、「便利で安い」が、いつだってニーズの王様になりがちで、それが開発の目的になりがちですよね。せっかく高品質なのにわざとパッケージをチープにして、「こうした方が売れる」なんて話は、現場にいれば何回も繰り返されてきたことだと思います。

ただ、今後は打ち合わせで「便利で安い」という言葉が出た時、マーケターは「ちょっと待って！」と注意する必要があります。たしかに、戦後の日本においては、不便を解消する安くて便利なモノが必要でしたし、大衆は安くモノを手に入れたいと思っていました。まさに、松下幸之助の水道哲学の発想です。

しかし、安価なモノが溢れている現代に、「さらに便利で安い」をブランドの戦略にするのは危険です。端的にコモディティ化を進め、全く儲からなくなるだけだからです。

そこで「便利とは何か？　何を目的に置き、何を消費者に約束するか？」というストーリーを語りなおす視点が必要になってくるんですね。

例えば「便利とは、効果的に時間を使える意味で新しいラグジュアリーなのだ」という物語の展開も考えられます。便利だから安い、と決まっているわけではないのです。

実際、ウーバーなどのオンデマンド型のタクシーの配車のサービスは、アプリのＵＩで、高級感を出しています。普通のタクシーを利用するよりも、結構高い料金でサービスを提供しています。

それができるのは、「ウーバーを通して、タクシーを呼ぶ時間は短縮され、今どこを走っているのかが明確にＵＩでわかる。ユーザーの生産性が上がることは、新しいラグジュアリー体験である」という価値の転換があったからなのだと思うんですね。

もし、「便利で安くタクシーが呼べる」ことだけを打ち出した物語であれば、既存のタクシーの利用料以上の運賃は取れなかったでしょう。

どこに価値を感じてもらうのかは、結局、物語によって変わるのです。

国によっては、ホテルのサービスに「チップ」が必要だったり、日本でも居酒屋で頼んでもいない「お通し」に料金がかかったりするのも、特定の共同体の中では、ある物語が浸透しており、価値に関してコンセンサスがあるからなんですね。

「正しさ」よりも、ユニークさと個性が共感を集める

ここまで、ブランドのストーリーが、いかに大切かという話をしてきました。

上手なストーリーにはつい引き込まれてしまいますが、当然、とってつけたようなストーリーや、どこかで聞いたような、ありがちなストーリーを語られると、聞く方は白けてしまいます。「またそのネタかよ」と思われてしまうんですね。

つまり、その会社にしか語れない魅力的なストーリーでなければ面白くないのです。

例えば、今どこもかしこも企業はＳＤＧｓを担いでいますし、B corporation《ベネフィットコーポレーション》（以下、Bcorp）という面白い認証も出てきています[※15]。

Bcorpは企業の環境への取り組み、ガバナンス、コミュニティへの貢献など、ＳＤＧｓで求められるような基準が、企業の活動レベルでの基準になっているので、とてもわかりやすい認証なのです。

つまり、「いい企業」や「いいブランド」とは何かということに対して、ある程度、「基

準」が与えられ、「合意」されつつあるのが現状だと思います。

したがって、企業やブランドが、その基準をクリアすることは大事です。環境負荷を下げることに反対する人はいないし、コミュニティへの貢献なら誰しも賛成するでしょう。

しかし、基準を満たすこと自体が目的化してしまうと、今度はブランドとしてのストーリーに魅力が出てきません。

ＳＤＧｓといっても、さまざまな実現の仕方があり、**その会社ならではのユニークな視点や個性が重要なんだと思います。**つまり、ＳＤＧｓは「正しさ」のひとつの審査基準ですが、そのまま「魅力」の基準になるわけではないということです。正しいだけの人に魅力を感じないのと同様ですね。

今、問われているのは、その会社ならではのユニークな視点や個性を持って、正しい目標を実現できているか、ということなんだと思うんです。

先ほど紹介したＨ＆Ｍは、繊維に関するイノベーションにアワードを与えていましたし、ナイキは、シューズの新しいあり方に向き合うことで、ナイキらしいサーキュラーエコノミーを実現しようとしています。やはり、その会社の生業ならではの物語があって、初めて、人は共感し、興味を持つのです。

日本では、国から「こういう基準をつくりました。みなさんこれに従ってください」と言われた時に、それぞれの会社に対策プロジェクトチームが組まれて、最低限の対応を行うケースがよくあります。「一応、弊社もやっています」と言わんばかりの対応です。よく見てみると、どの会社も横並びで、同じような情報を出していますよね。

単独性よりも、一般性を重視してしまうと言えばいいのでしょうか。

その組織のユニークさとか自分たちの言葉遣いが、全く感じられないような、どこかで見たような文言ばかりが並んでしまうわけです。

結局ＳＤＧｓの施策に関しても、どこかで聞いたような話ばかりで、わざわざ「この会社がそれを言わなくてもいいのにな」というものになってしまう。魅力的な価値を提示するよりも、「とりあえずやって、文句を言われないようにする」という態度が多いわけです。やらないよりは、ずっといいのですが。

株主だけでなく、**「ブランド」としてユーザーにもアピールをしたいのであれば、個性を出した方がいい**と思います。

魅力的なストーリーテリングには、国から言われたことを、横並び意識で満たす以上に、社員の個別的、リアルな実体験や、その会社だからこそ思いつける視点が必要です。

ストーリーへの共感のポイントは、その単独性（オリジナリティ）にしかありません。

世界を変えるテックこそ、「現実」を語れ

ＳＤＧｓをめぐるストーリーテリングについて言及しましたが、また、日本の企業は、テクノロジーに関するストーリーテリングも苦手科目のように見えます。企業が持っているテクノロジーはとてもハイレベルだし、スペックは高いものが多いのに、それをめぐるストーリーがお粗末な場合が多いと感じるのです。

私の見立てでは、テクノロジーは、基本的には社会や政治とちょっと離れたところにあって、「エンジニアは技術の専門知識以外は語らない」というような慣習や暗黙の規範があるからなんじゃないかと思っています。

私は、大学で工学を専攻していたのですが、学生だった頃から、そこにモヤモヤしていたことがありました。

工学者は、これだけ世の中を支えているにもかかわらず、社会や政治について語る機会ってあまりないんですよね。語らせてもらえないというか。むしろ、黙って粛々とスペックをあげることに集中しろと言われているような気がしていました。

言い換えれば、**これまで日本企業は、技術は政治とは独立したもの、ニュートラルなものであり、政治や社会のような、ややこしいことについては「黙っている」という立場を取ってきたように思います。**

私は以前、ある大企業から相談を受けて、マーケティング戦略立案の際によく行うPEST分析（政治、経済、社会、テクノロジーの動向を分析し、未来への戦略を立てること）を行ったことがありました。

しかし、プロジェクトが進んでいくうちに、クライアントから「PESTのPに当たるPoliticsの部分だけは、どうかやらないで欲しい」という相談があったんですね。

その時に担当者に言われた言葉が印象的です。

「うちは技術の会社なので、政治については触れないでおきたい」と。

結局、PEST分析からPが抜けて、EST分析になってしまったわけですが、これにはかなり驚いたのをよく覚えています。

AIの技術はもちろんのこと、バイオテクノロジーをはじめとする高度な技術こそ、人間の働き方や暮らし、行動を根本から変えてしまうわけで、実は極めて政治的なものではないでしょうか。だからこそ、**もっと私たちは技術をめぐるストーリーに真剣に向き合った方がいいはずです。**

「シンギュラリティ」や「ディスラプション」が、人間や社会にどのような影響を与えるのか、それが人々を安心させられるものでないならば、なぜそれを開発するのか。**世の中が激変しているからこそ、人々は技術に対しても、未来を約束して欲しいと思っているはずなのです。**

ＧＡＦＡＭや中国のアプリに対する個人情報の取り扱いに関する批判が高まったり、ＳＮＳをめぐる広告モデルに端を発するフェイクニュースやアドフラウド（広告詐欺）の問題など、急速に進化・普及を遂げている最先端の技術こそ、現在は政治の問題と関係しています。

だからこそ「技術開発は、政治や社会から独立している」と考える発想は、非常に危険だと思うんですね。もっと、さまざまな角度から議論をした方がいい。

まさに、２０１７年にアメリカの大統領選挙で、トランプ氏が当選した際のＳＸＳＷのテーマは、「トランプ政権下のテクノロジー（Tech Under Trump）」というタイトルで、テクノロジーの政治的ダークサイドに関するテーマが盛んにディスカッションされていました。中には、ハンナ・アーレントまで引き合いに出して、民主主義の危機とＡＩの関係を論じるセッションもあったほどです[※16]。

急進的なテクノロジーがもたらす社会的影響に対して、我が企業は「どのようなスタンスを取るのか」「どのようなアクションを取るのか」が、ブランドを左右する時代になっています。**エンジニアリングの会社も「うちは関係ない」と割り切ることは難しくなってきている**と思います。

例えば、SNSひとつとっても、「規制をもっと強化した方がいい」という欧州からの意見もあれば、「SNSなんて、誕生してたかだか5000日くらいしかたっておらず、ここからどんどん変わっていくのだから、しばらく放っておけ」という識者による意見もあります[※17]。

多様な意見が出てくることがまず大切なので、「語らずにいる」よりも「さまざまな語りに耳を傾け、考えてみる」ことから始めたいものです。

テクノロジーにこそ、倫理が求められる

テクノロジーをめぐる「物語」と言えば、例えば、マサチューセッツ工科大学（MIT）では、ジョイ・ブォロムウィニ氏が、アマゾンやマイクロソフト、IBMの提供しているAIサービスがいかに白人のエンジニアによるバイアスを受けているのかということを研究しています[※18]。

例えば、彼女は、顔の認識をするソフトウェアにおいて、AIの学習データに白人の男性ばかり使ってしまっていたために、黒人の女性の顔をAIが認識しないという「偏り」が生じている問題を指摘しています。

エンジニアの業界や、そこで利用されているデータに人種や階級の偏りが生じてしまうと、提供される技術やサービスは、公正さとはかけ離れてしまうのです。

技術こそ、政治的なものだし、倫理が問われている。

多様なバックグラウンドの人々を受け入れるということの重要性は、いくら強調してもしすぎることはありません。

技術と「公正さ」についてお話ししましたが、新しい技術から生まれたサービスが、社会の「公正さ」をめぐって、新しい潮流を生み出している事例もたくさん生まれています。例えば、近年ラティン・エックス（ラテン系の人々）による新しいフィンテック企業が多数生まれ、大きく成長しているのはご存じでしょうか[※19]。

裏を返せば、これまでラテン系の人たちは、金融サービスをあまり受けられてこなかったという事情があるのです。すなわち、大手銀行などのエスタブリッシュメントが、ラテン系の人々たちのことを金融サービスの対象として考えず、しっかり向き合ってこなかったという背景があるんですね。

例えば、ラテン系の人たちが、銀行の窓口に行って融資を受けようとしても、銀行が彼ら・彼女らに関する与信データを集めていないために、融資を断るケースが多かったわけです。端的に言えば、「客だと思ってもいなかった」のですね。

しかし、今、状況が変わってきています。これまで「無視」されていた人々に、新興企業は、フィンテックのサービスを提供することで、新しい「チャンス」を掴んでいるのです。例えば、私が今注目しているラテン系の人々向けのサービスは、Jefa《ハファ》というフィンテックの会社です[※20]。

同社は、ラテン系の女性が、自分で銀行口座を開設して、お金を管理する時に起こる障壁を取り払うことを目的としており、まもなく南米でサービス開始予定ですが、すでに5万人の待機者がいるようです（２０２１年10月現在）。

サービス内には、リワードプログラムもあり、ユーザーは生理用品の購入や婦人科の受診など、女性のサポートに関するサービスを、カードのポイントで購入することもできるようになっています。

また、**テック業界の内部からも、テクノロジーの倫理を問い直す動きが出てきています。**

例えば、トリスタン・ハリス氏をご存じでしょうか。

ネットフリックスのドキュメンタリー、「ソーシャル・ジレンマ」をご覧になった方は知っているかもしれません[※21]。

彼は、もともとグーグルで「デザイン・エシスト（倫理デザイナー）」として、グーグルのサービスをどのように実装すれば人々が倫理的に振る舞ってくれるのかを考え、導くためのフレームワークをつくってきた人です。

彼は「シリコンバレーで最も良心に近い存在」とも呼ばれていますが、近年、非営利団体の「センター・フォー・ヒューマン・テクノロジー」と呼ばれる団体を立ち上げました。テック業界に対して「フェイクニュースの拡散を防ぐ」ことや「人々が、ついクリックしてしまうＵＩのような〝ダークパターン〟をどのように解決すればいいか」など、さまざまな提言を行っています[※22]。

改めて、技術を扱う企業こそ、倫理の問題や、その政治的な利用に対して敏感にならねばなりませんし、「関係ない」という立場を取ることはできないと認識した方がいいのです。

世界のマーケターは、今何を考えているのか？

ここまで、ブランドのストーリーテリングの重要性、消費者の意識の変化、テクノロジーの飛躍的な進化と普及、それに伴う社会の急速な変化などを通して「マーケティング」の置かれている役割も大きく変わろうとしていることをお話ししてきました。

随分と複雑に聞こえたかもしれませんが、端的に言えば、世界のマーケターが今考えているのは、「マーケティングが成り立つ条件」そのものなのだと思います。


マーケターが考えるべき対象は「市場・経済」だけではなくなったということです。


市場は、テクノロジーや文化と隣接しながら、相互に影響し合っています。

そもそも、市場は社会がうまく回っていないと成り立たず、さらに、社会は地球環境が安定しているからこそ成り立つものです。

（地球の資源が無限にあるように思えたし、コミュニティも安定していた）これまでは、市場の存在は「自明」なもので、お金を儲けることだけ考えていればよかったわけですが、今市場そのものの基盤である社会や自然環境がぐらついてきてしまっています。

だからこそ、未来の社会や環境を良い方向に導く役割が「マーケティング」にも求められているわけです。足場がしっかりしている時は、足場について考える必要はないわけですが、足場がぐらついて初めて、大切なものに気がつく。

今、マーケティングは自らの存立《そんりつ》条件と向き合い始めているのだと思います。ちょっと遅すぎたのかもしれませんが。

だからこそ、**世界のマーケターは、環境や、社会的包摂、教育、人々のメンタルヘルスに対して、今何ができるかを真剣に考えている。**

勘違いしてはいけないのは、マーケティングに、流行している社会貢献の要素を取り入れたように〝見せかければ〟、モノが売れたり、カンヌの賞がとれたりするわけではないということです。

本当は、その逆なのです。**ソーシャル（社会）がマーケティングに先立つのです。**

私が広告会社で働いていた頃は、よくクリエイターが「カンヌっぽいやつやりたい」なんて話をしていた記憶があるのですが、そういうのは本当にやめた方がいいです。いつまでたってもやっぱり、広告業界って薄っぺらいんだなぁと思われるだけですから。

そもそも、**社会的なイシューに対するアプローチは、マーケティングの味つけなんかでは決してなく、これからの私たちを取り囲む環境、大元、土台の問題に関わることを忘れてはいけません。**

今、自分たちが楽しくクリエイティブな発信ができているのも、まずは社会や環境が成り立っているからなのだ、という思考の転換が必要なんです。マーケティングは、技術、文化、社会、環境と相互に作用をしながら、それぞれのテーマや課題、それに携わる人々と関係をつくることが求められているのです。

マーケティングの世界に閉じこもらずに、外部とつながりを持つこと。それが今、マーケターに求められている課題なのだと思います。

コラム　なぜ、日本企業はストーリーテリングが苦手なのか？

私は、先ほど、日本の企業は、一般的にストーリーテリングが苦手なのではないかと述べました。未来の社会に関してなかなか解像度が高く語れないと。それでは、「お話をつくるのが苦手」な理由は、どこにあるのでしょう。

全く裏どりもない、ただの印象論なので、お叱りを受ける覚悟ではありますが、私は、日本の技術系の起業家の語る未来像が、びっくりするくらいドラえもんやガンダム、アトム、攻殻機動隊などの漫画やアニメを含めたサブカルチャーの影響を受けている（受けすぎている）のが、前々から不思議というか、気になっていたんですよね。最近は、鬼滅の刃やキングダムでビジネスをたとえる人もよく見かけますが……。

日本には、これだけ豊饒な文学的資産があるのにもかかわらず、日本の経営者の想像力って、アニメ的なものに大きく引っ張られすぎている気がするんです。

たまにある、経済雑誌の特集で「座右の書」で紹介されている本が、みんな似たり寄ったりなのを見て、結構げんなりしてしまうことがよくあります。文学をあげる経営者ってあまりいない。日本の大企業のトップって、文学的想像力からかなり遠く離れた場所で思考しているんだなと思ってしまうんですよね。

数年前の話ですが、ある宇宙事業の領域で、有力なスタートアップの創業者が、メディアの記者からビジョンを問われた時に、「ガンダムを見ていて、たくさんロボットが飛び交っているシーンが単純にかっこいいと思って、これだ！と思ったんです」とうれしそうに語っていたのを聞いて、本気でズッコケそうになりました。ちなみに、ガンダムが悪いわけではありませんが、「未来を語る」ビジョンに関して、ガンダムを目指すのは、正直お粗末だなと思ってしまいました。

一方、アメリカの経営者は、多くが非常にブッキッシュな趣味を持っているように思います。ビル・ゲイツにせよ、マーク・ザッカーバーグにせよ。

同じSFを語るにしても、ピーター・ティールやリード・ホフマンの語るSF論は、政治思想まで掘り下げて語っていますよね。

ピーター・ティールは、スター・ウォーズとスタートレック、どっちが好きかと聞かれて、「スター・ウォーズの方が資本主義的だから好きだ」と答えたエピソードがあります。さすが、学生時代に哲学を専攻し、リバタリアン（自由至上主義）の理想を掲げるピーター・ティールだけあって、答えが一味違いますよね。

ほかにも、アマゾンが、いい会社かどうかは置いておくとしても、ジェフ・ベゾスは、カズオ・イシグロの『日の名残り』にインスパイアされて起業した話は有名です。

彼のような文学の愛好家が、電子書籍のリーダーの名前に「Kindle」とつけるあたりは、いろいろと考え抜かれているような気がします。少年が木陰でKindleを持っているイラストも、よく考えれば、「暗いところでもKindleなら本が読める」ことを上手に表した表現になっていることがわかります。なるほど、上手です[※23]。

一方、日本のある企業がプロデュースした電子書籍リーダーの名前は……ここでは紹介するのはやめておきましょう。コンセプトもオリエンテーションも曖昧なまま、広告会社にネーミング案を丸投げしたりするのは、ろくなことにならないような気がします。

もちろん、アメリカはアメリカで、多くのテック起業家たちは、リバタリアン文学の祖といわれ、『肩をすくめるアトラス』や『水源』などの作品で有名なアイン・ランドという作家の影響が強いということがよく批判的に語られています。

すなわち「超人的スーパーエリート」が、技術力で世の中を一気に変えることを待望する思想に傾倒していると指摘されているんですね。その思想が、現代には、民主主義を信奉しないで、資本主義をもっと加速させていこうとする「加速主義」だとか「新反動主義」だとか「暗黒啓蒙」であると批判もされています。

ピケティの『21世紀の資本』の翻訳を監修した山形浩生氏がアイン・ランドについ

ては解説をしていますが、アメリカはアメリカで、起業家は、壮大すぎるビジョンを掲げがちなのかもしれません[※24]。

ここでは、単純に日米のどちらがいいとか、悪いという話をしたいわけではないですが、不思議と日本の起業家の掲げるビジョンがどうもサブカルやアニメっぽくなってしまうことについて、考えてみたいなと思った次第です。お国柄なんですかね。

ちなみに、お国柄と言えば、ドイツのベルリンを訪れた際に、多くのスタートアップの起業家のお話を伺ったことがあるのですが、さすが「社会彫刻」というコンセプトで有名な芸術家ヨーゼフ・ボイスのお膝元なだけあって、ベルリンのコミュニティや社会に貢献したいという意思を語る起業家が多くいました。

アメリカのスタートアップのように、冒頭のスライドで「世界を変える」というような大きな話をしないのも特徴的だと思いました[※25]。

「企業」と言っても、どの社会に属しているのかによって、相当性格が変わります。いずれにしても、ビジョンやパーパスを物語る力は、良質な文学やフィクション、アートに触れてきたり、感性を磨いたりすることで、初めて身につくのではないかと思います。

私は技術やデザインが、どのように社会と関係するのかを語る「ストーリーテリング」のうまさは、経営者の読書量と無関係ではないと思います。

かつての、西武の堤さんほどまでとはいかなくとも、マーケターも、人々を魅了するストーリーテリングの力を磨きたいものです。

起業のアイデアに関しても同様です。当然、起業といっても玉石混淆で、浅はかな企業もあれば、本当に革新的なアイデアを持っている企業もあるでしょう。

いずれにしても、社会という視点に立てば、起業のあり方こそ、「多様」であることが理想です。しかし、残念なことに、今日本から出てきている起業アイデアや資金調達のニュースで紹介されている企業が、「似たり寄ったり」になっているように感じませんか?

多様というよりも、多数同じような会社が出てきている。

資金調達などで「成功」していれば立派なのかもしれないけれど、東京を走るタクシーの広告に出てくる会社が、ほとんど似通った会社に見えてしまうんですよね。「会社をDXします」「デジタルマーケティングを効率的にします」「人事評価を効率的にします」などですね。

私は、1日だけで、3社「タレントマネジメント」に関するサービスの広告を見たこともあります……。正直、区別がつきません。

しかも、どこも、絶妙につまんないギャグをいれた昭和のコント調のCMをつくっている。

よく、AIが人間の仕事を奪うから、これからは人間にしかできない高度な仕事をするべきだと主張されますが、最近上場している企業の「アイデア」って、なんとなくAIが出しそうなコンセプトの会社が多いと思うんです。

〝弊社は、SaaSツールとデジタル人材によるソリューションをご提供するDX支援企業です〟

こういった事業紹介の文言は、さもバズワードを学習したAIが生成しそうなものです。いや、これ、どことは言いませんが、実際にこれに近いことを本気でうたっている上場企業があるわけですね。

どこかで聞いたことのある事業内容で、CMもアニメ、漫画、昭和コントの影響を受けるのはいいですが、なんかこう、ほかになんかもうちょっとないのかしら、とは思います。

日本は、こんなに文学的な資産が豊富な国のはずなのに、なぜだか大人がそういう物語的想像力に疎い。出版社の人に聞いた話によれば、(女性は割とどの年代もフィクションを読み続けるらしいんですが）男性は社会人になると、ぱったりとフィクションを読まなくなるんだそうです。ビジネス書や経済書だけ読んでいてもつまらないのに。

「未来をいかに語れるのか」こそ、まさに今、世界のマーケターが取り組むべきミッションであり、これからのマーケティングの大きなテーマだと思います。

マーケティングの業界では、デジタル化が急務であるとばかり言われています。

しかし、同時にマーケターこそ、優れたフィクションの読み手となり、ユニークなストーリーを紡ぎ出す「スキル」も身につけられるといいですね。

第1章 マーケティングとは、未来への約束を守ること KEYWORD & SUMMARY

未来への約束

SNSが浸透し、価値観が多極化している今、企業の思想や発言、製造プロセスなど、全てが問われている。その中で「企業が消費者に、どこまで未来の安心を約束し、実行できるか」が重要視され始めている。

価値観の多極化

年収、趣味、ライフスタイル、仕事などが多様化している。いわゆる「平均的な人」はいなくなり、一人ひとり違う価値観を持つ時代になった。

SNSの普及

ツイッターやフェイスブックなどのSNSが、多くの人に普及し、消費行動にも大きな影響を与えるようになった。企業や商品にとって、消費者が友人などにおすすめできる理由を”語れる”ことが重要になっている。

ストーリーテリング

現在の取り組みや実践の具体策を通して、未来への期待を物語る「ストーリーテリング」が重要になっている。求められるのは、共感できるようなユニークなストーリーだ。もちろん、テクノロジー企業もその例外ではない。

マーケティング

今までは、消費者のニーズを満たすことが優先された。しかし、市場の基盤である社会や自然環境が危ぶまれる今、マーケターが考えるべき対象は「市場・経済」だけではなく、環境や、社会的包摂、人々のメンタルヘルスにまで広がっている。

第**2**章

世界的な
消費者インサイトを
読み解く

第1章では、現在のマーケティングの位置づけについてお話ししてきました。本章では、これからのマーケティングを考える上で、一番重要なZ世代の現状やインサイトについて考察します。実際、Z世代は、世界の消費者の人口に占める割合が非常に大きく、ターゲットに設定されがちですが、そう簡単には心を許してくれる人々ではなさそうです。

世界の消費者の40%が、Z世代

2020年の段階で、世界中の消費者のうち、Z世代が占める割合は40%だといわれています[※1]。

中国だとだいたい25%。実に中国人の4人に1人がZ世代なんだそうです。

市場の「パイ」としては大きそうですよね。でも、今私が「パイ」と言ったのは、実はミスリードなんです。塊として見れば大きいかもしれませんが、彼ら・彼女たちは全く塊（パイ）なんかではありません。

十把一絡げに、「この世代はこうだ」と結論づけるのは、非常に危険です。 あらゆる世代がそうであるように、この世代の人々も、なかなか一元的に括ることができません。

まさに「平均的なZ世代の子」などいないのです。

ところで、マーケティング業界には、一定数「若者に詳しい」を売りにする人たちがいますが、どことなく胡散臭さを感じませんか。私は、そもそも若者全体の声を代弁したり、俯瞰して把握できる大人なんて、おそらくどこにもいないと思っています。

自分のことも、自分ではよくわからないですから。

最果タヒの作品のタイトルにあるように、『十代に共感する奴はみんな嘘つき』なわけです［※2］。結局のところ、マーケティングの現場で、インサイトを語るというのは「上手な嘘をつけるか」「下手な嘘をつけるか」どちらかでしかないのでしょう。

私もよく、Z世代のインサイトについて語る機会が多いので要注意ではあります。

私自身、最近は頑張って、ラッパーのJP THE WAVYとLEXの「なんでも言っちゃって」という、どこまでも浅はかで楽しい曲を、ティックトック風に踊りながら歌ってみたりするのですが、まぁ滑っています（笑）［※3］。

だから、というわけではないのですが、私は若者について、極力「わかる」とは言わないようにしています。

ただ**「私から見ても、こういう面白い人やコンテンツがある」という事実に基づいていれば、その範囲において語ってもいいのではないか**とも考えています。

私も仕事の現場では、ファクトや事例は押さえた上で、最後は主観も交えた仮説としてインサイトをお伝えするようにしています。そうでないと責任取れないですから。

結局、誠意を持って他の世代について語るためには、まず客観的なデータをよく集め、自分も感覚的に「好き」と思える世代を超えたカルチャーに触れながら、なるべく「実感」に近いところで想像し、考えてみるしか方法はないと思います。

「わかる」のはおこがましいけれど、「世代を超えて好きなものを見つける」ことはできますよね。

団塊世代が読んでいた『二十歳の原点』（高野悦子著）はちゃんと共感できるところもあるし、ネットフリックスでドキュメンタリー化もされた米国の人気ラッパー、トラビス・スコットの「頑張っている若者が感じた絶望」も胸を打ちます。世代や国は違っても、同じ人間ですから。

今、文芸誌の『群像』に連載されている竹田ダニエルさんの論考「世界と私のAtoZ」の連載は面白いし、「オフトピック」というポッドキャストの番組内で、ホストの宮武さんや草野さんが紹介するZ世代の新潮流にも共感します。

あるいは、海外のZ世代のトレンドならSubstack《サブスタック》の有料メルマガの「High Tea」あたりも読んでみると面白い。

結局は、マーケターも、「全部を俯瞰する」ことは不可能だと考えて、**ある世代で話題になっているものの中に、「自分にとって」魅力的な人やコンテンツがないか、コツコツ探して継続的にリサーチしていくことが大事だと考えています。**

そうしないとリサーチなんて、続かないですしね。

Z世代が抱えるメンタルヘルスの問題

他の世代を論じることの難しさはよくわかっていただいたかと思いますが、ただ、その中でも「これは、確かに実在するイシューだ」と言えることもあります。

そのひとつが、若者の「メンタルヘルスの問題」です。

コロナで先行き不透明になってしまったこと、普通に学校に行って友人と会えなくなってしまったこと、政治家の振る舞いやメディアの発信が信頼できないこと、つながりすぎてしまったSNSの中で、むしろ孤独を感じていること……。

これで若者がメンタルにダメージを受けない方が不思議ですよね。

実際、米国APA（アメリカン・サイコロジカル・アソシエーション）が2020年に行った調査によれば、アメリカの18歳から23歳の若者の約70％が2019年にうつ病の症状を呈し、ストレスレベルは6・1（全成人の平均は5）となっています（APA 2020）[※4]。

学校に行けないことや、将来の計画が立てられないことが原因である、とレポートは伝えています。今、コロナの影響もあり、世界的にもメンタルヘルスに関するサービスや、研究報告が続々と出てきています。

セレブリティがメンタルヘルスに関する話をするのは、従来は「タブー」でしたが、今は大坂なおみや、ビリー・アイリッシュ、BTSのシュガもメンタルヘルスについて発信していますし、あるいは、アパレルでもメンタルヘルスのことをテーマにした「マッドハッピー」が流行したり[※5]、メンタルヘルス関係のアプリなども次々と登場しています。

「Z世代は人口も多いし、購買力もありそうだから、ガンガン売っていこう」と、無邪気に考えてはいけないのだと思います。

調査を見ていくと、**Z世代も、とても難しい状況に立たされているし、なんらかの助けを必要としていることがわかってきます。**

重い話が続きますが、彼ら・彼女らの置かれている心理的な状況について、事例を交えてお話ししていきます。

孤独が社会的な問題になっている

メンタルヘルスに関連する課題の中でも、孤独の問題が（世代や国境を超えて）議論されています。

英国には孤独問題担当大臣のポストが設置されているということを受けて、日本でも孤独・孤立対策担当大臣のポストが設置された話がニュースになりました。日本も含めて、孤独はパンデミックと同様に大きな社会問題になってきているのです［※6］。

高齢者の孤独の問題については、みなさんも、ある程度想像がつくと思うのですが、SNSを使っているZ世代も孤独なんだと聞いて、疑問を抱いた人もいるのではないでしょうか。でも、実はSNSを使っているからこそ、若者が孤独を感じてしまうという逆説が起こっているんです。

つまり、SNSで誰かと誰かのつながりが見えれば見えるほど、「自分はつながっていない」ことも同時に可視化されてしまうということです。

例えば、自分の友人が、誰かと開催したパーティの写真を投稿していたとします。

すると、自分はその場に呼ばれてないことに「気づく」。

あるいは、ＬＩＮＥのメッセージが未読無視されているのに、他のグループではその人が返信しているのが「見える」。

これは、まさにパラドックスです。つながっているからこそ、つながっていない部分も過剰に見えるようになってしまったわけです。

また、何万人もフォロワーがいる人が、孤独ではないかというと、そんなことはありません。むしろ、自分が落ち込んだ時に、「本当に」味方をしてくれる人が何人いるかを考えると、何万人も「本当の自分」を知らないフォロワーがいることの方が疎外感を感じて、つらくなることだってありえるのです。

２００８年に、情報社会学者の濱野智史氏が『アーキテクチャの生態系』という著書の中で、当時流行っていたケータイ小説の『恋空』を論じています。濱野氏はこの小説の中で、ケータイ電話の着信音などに、人間関係の濃密な記憶が託されていることを指摘し、「操作ログ的リアリズム」という新しい文学の概念を提唱していました。

今まさに、ＳＮＳの「操作ログ」こそが人を孤独にさせ、痛めつける時代になったのです。

無視されることは、交通事故と同程度に「痛い」もの

TED Talksでも有名になったガイ・ウィンチという心理学者がいます[※7]（著書に『NYの人気セラピストが教える 自分で心を手当てする方法』[※8]など）。

彼によれば、そもそも人間は集団から拒絶されることが、とても「つらい」と感じる動物なんだそうです。

よく言われているように、人間は狩猟採集民族の時代から「バンド」と呼ばれる集団を形成して生活を営んできました。人間は、一人ひとりは非力なので、群れからはぐれてしまうと命が危ない。

だから集団から「拒絶」されることは、ほぼ「死」を意味し、人間に対して非常にきついダメージを与えるのだそうです。いじめられた経験がある人はよくわかると思うのですが、クラスメートから「拒絶」されることほど、きついものはありません。下手したら、暴力をふるわれる以上に無視はきつい。

つまり「SNSでの無視」も、人間が群れから阻害された時と同じようにリアルに「痛い」のです。**拒絶された時に人間が感じる痛みは、実際に交通事故にあった時に感じる痛みと同じ程度だといわれています。**

だから、皆さんは、この先、悪意を持って誰かを無視してはいけません。その行為は、人を殴っているのと同じ効果を持つからです。

もちろん、しつこくて嫌な相手は「ブロック」せざるを得ない場合もありますが……。ここが本当に人間関係の難しいところですね。

ちなみに、ガイ・ウィンチ氏の主張で興味深いのが、**交通事故などで怪我をした場合には人は「応急処置」をするのに、人間関係で「拒絶」を受けて傷ついた時の処置は、一般的にはされていないことを指摘している**点です。心の痛みの「処置」の仕方を、そもそも習ってこなかったことが問題だというのです。

心の痛みも、処置せずにほっておくと、メンタルヘルスを大きく損なってしまうわけですね。

友達リストを整理する勇気がありますか？

孤独といえば、コロナ禍以降、**若者たちは「友情」をどのように保てばいいのか、あるいは新しく友達を見つけるにはどうすればいいのか、真剣に悩んでいる**ということもわかっています。

スウィンバーン工科大学の調査によれば、コロナの期間中にオーストラリア人の54％、イギリス人の61％、アメリカ人の66％の消費者の孤独感が高まったそうです[※9]。

コロナの影響においては、「弱いつながり」の友人との接点がなくなったことが指摘されています。

とても仲のよい親友レベルの友人や家族であれば、デジタル上でも関係をなんとか維持できるのですが、物理的に学校や職場に通うからこそ、その場でなんとなくおしゃべりしたり、お茶をしたりする「弱いつながり」の友人との関係が、コロナによって一気に切れてしまったんですね。

友人から友人を紹介してもらう形で、新しく人と知り合う機会もめっきり減りました。「弱いつながりというけれど、もともと、そんなに親しくない人なら、失ってもいいいんじゃないか」と思われるかもしれませんが、実はそうではありません。

社会学者のマーク・グラノベッター氏の研究で、「転職」など、**人生において有益な情報は、親しい友人や家族ではなくて、意外にも「弱いつながり」の人から得ている場合が多い**、と述べた有名な論文があります［※10］。

とても親しいというわけではないけれども、たまに会ってお茶するくらいの友人こそが、案外有益な情報をもたらしてくれているというわけですね。セレンディピティこそが、実は人と社会との重要な接点になっていたわけです。

親しい友人や家族とだけ交わっていても、「世界」は広がっていきません。むしろ、同じような価値観にだけ触れ続けることで、煮詰まってしまったり、関係も「重く」なってしまいます。

新しいことを始めたいと思っても「いつものメンバー」に相談したところで、意外なアドバイスは期待できません。弱いつながりが失われることで、「新しい出会いのきっかけ」がなくなり、孤独感や閉塞感は高まってしまうのです。

友人関係もPDCAで円滑になる？

そのことと関係してか、コロナ以降、欧米では「友人とは何か」や、「友人のつくり方」に関する書籍やポッドキャストが急激に人気になってきています。

書籍の中でも特に有名なのが、オックスフォード大学で進化心理学を研究しているロビン・ダンバー氏が書いた、その名も『Friends』という本です［※11］。

この本の中で、ダンバー氏は、友人にもいろいろなカテゴリと優先順位があることを、思い切って素直に認めていいのだ、それによって罪悪感を感じなくてもいいのだ、ということを提唱しています。どういうことでしょうか。

ダンバー氏によれば、コロナの最中に、SNSやスマホでつながっている膨大な「友人」の整理をするというと、多くの人が、どこか罪悪感を感じてしまうかもしれないけれど、そもそも、人間は、最も親しい友人なんて、同時に5人くらいしか持てないし、ライフステージによってその5人は変わりゆくものなのだから、この際、思い切って整理してもいいのだと言います。親しい友人なんて「変わっちゃうもの」として、受け入れようというのです。

いくら親友だと思っていた人も、ライフステージが変われば、「優先順位」なんて変わってしまうのが自然だし、これまでも人は人間関係を整理しているのだから、そんなに「整理」を恐れなくていい。コロナの期間に、親しさの優先順位が変わるのは普通だと、このようにダンバー氏は主張しているのです。

コロナによって、弱いつながりが失われ、「親しい人」の優先順位も変わってしまう場合もあるでしょう。それはとてもつらいことですが、受け入れるしかないのかもしれません。

友達といえば、私がカルチャーショックを受けたのは、友人関係を「メンテナンス」するためのアプリまで登場したことです。「Call Your Friends」というアプリは、友人とどのような距離でどのような頻度でやりとりすればいいか、連絡を取るべきタイミングを「プッシュ通知」などで教えてくれる機能を持っています[※12]。

アプリをダウンロードすると、まずは現状のチャットのログから、あなたが、どの人と一番親しいのか、優先順位を解析してくれます。その中で、例えばあなたがAさんと友人関係を続けたい場合、このアプリはAさんに連絡を取るべきタイミングや、メッセージの内容について、アドバイスをしてくれるのです。

友人関係において、下手に連絡しすぎると「重い」とか、逆に連絡を怠ると「ちょっと疎遠だな」と思われたりするわけですが、そうならないように適切な距離感やタイミングを掴むのをサポートしてくれるわけです。それをウェブの解析のごとく、ＰＤＣＡを回しながら「友情メンテナンス」をするのです。いやはや。

出会いやすい時代だからこそ、恋愛は難しい

また、孤独や人間関係の課題と言えば、恋愛に関しても、若い人たちは、とても苦労をしているようです。「自由恋愛」が当たり前になり、マッチングアプリが普及した現在、逆説的ですが、長期的なパートナーをなかなか持つことができないことに悩む若者が増えているといわれています。つまり、**マッチングアプリを使えば、簡単に出会えてしまうために、逆に誰か1人に決められないというパラドックスが起こっているのです。**

昔であれば、学校や職場、地元などの限られたコミュニティ内での出会いが普通でした。誰かを選ぶ際にも、「まぁ、この人にしておくか。悪い人じゃなさそうだし」と、選択肢が少ない中で、妥協もありつつ、パートナーを決めていたと思うのです（周りの目もありますし）。

しかし、現在は選択肢が過剰に多く、せっかく出会えたとしても、相手の嫌なところが

少しでも見つかると「もっと他にもいい人がいるし」と思い、すぐ次にいってしまうようになりました。自由であればあるほど、不自由になってしまうという矛盾があるんですね。

例えば、アメリカのコメディアンであるアジズ・アンサリのヒット作に「マスター・オブ・ゼロ」というネットフリックスのオリジナルドラマがあります。

２０２1年の現在、シーズン3まで公開されているのですが、シーズン1は、アジズ・アンサリらしい皮肉と悲哀を込めた「出会いの難しさ」をテーマにしたコメディ・ドラマになっています。主人公はマッチングアプリを延々とやり続けるけれども、ちょっと変わった子にばかり出会ってしまって、主人公が翻弄されていくというストーリーが展開します。

アジズ・アンサリはこの作品を通して、「**出会いの機会が増え、自由になればなるほど、不自由になる**」というパラドックスを描いているのです。

これは今、人と人との関係性や孤独を考える上で、とても重要な問いかけだと思います。アジズ・アンサリは、このドラマに関連して、なんと社会学者と協業して、現代の恋愛の難しさについて、書籍まで出版しています。

「なんで男ってこんなクズなメッセージを送ってくるんだろう」と一度でも思ったことのある人にはおすすめです。ひどい事例がたくさん紹介されていて、笑えるけど、笑えません［※13］。

ちなみに、アジズ・アンサリは、本作を通して「有害な男性性（トクシック・マスキュリニティ）」にとても敏感な態度をとったことで、評価をあげたのですが、当の本人がセクハラを行った疑惑が浮上し、一時期大きく批判をされてしまいました。本当にこういう事例が多いですね［※14］。

話を戻しましょう。

マッチングアプリは、出会いのハードルを下げ、恋愛を自由にしてくれたはずだったのに、結果ユーザーは誰を選んでいいのかわからなくなって、逆に不自由になってしまう。

そもそも、マッチングアプリ自体のビジネスモデルを考えると、ユーザーが長期間使ってくれた方が「儲かる」というロジックが働くので、次から次へと「飽きさせないように」新しいパートナー候補と出会わせようとしているわけです。

たった1人の人と出会いたいと思う人が、結局迷走してしまうというパラドックス。ユーザーが迷走すればするほど、アプリ業者は儲かるという仕組み。

The 1975というイギリスのバンドの曲で、一時期、リアリティショーの「テラスハウス」のエンディングにも使われていた「Sincerity Is Scary」（誠実であることは、恐ろしい）という曲があります。

この曲は、一度恋愛関係になれたとしても、別れてしまったら、もう二度と会えなくなってしまうから、「本気にシリアスになって、誠実でいることが怖い」というつらさを歌っています。なぜ、別れた人とは友人に戻れないのか、と。

従来は、**恋愛においては「〝相手が〟本気になってくれないことが恐ろしいこと」だったはずなのに、現代は「〝自分が〟本気になって、拒絶されることが怖い」に変わってしまったんですね。**

昔の歌の歌詞が「重い」と感じるのも、長文のLINEが「キモい」と言われるのも、裏を返せば拒絶が怖いという心理と一緒なのかもしれません。

三島由紀夫の『レター教室』とか、夏目漱石の『こころ』なんて、現代の感覚からしたら重すぎですよね（笑）。

結局、現代は、人間関係や恋愛関係を、いとも簡単につくれるがゆえに、簡単に「切ったり」できるようになってしまいました。

カジュアルセックスもあれば、カジュアル拒絶もあるということです。**人と人との関係において、いとも簡単に拒絶されたり、無視されたり、ドタキャンされたりする経験が増えているのです。**まさに、ガイ・ウィンチ氏の「拒絶されると人はリアルな痛みを感じる」機会が増えてしまったのです。

これだけモノが溢れ、通信技術も発達して、間もなく5Gの時代がやってくるというのに、一向に人間が幸せになれないのは、結局人間関係の問題は残るし、「拒絶」があるからなんでしょう。

コロナ時代には、リアルに会う機会が減ったため、マッチングアプリを通して出会う人も増えています。だからこそ、簡単に「拒絶」される痛みへのケアも忘れてはいけません。

ゴースティングされたことはありますか?

ところで、拒絶と関連した言葉に「ゴースティング」という表現があります。ゴースト（おばけ）が意味するところは、突然、やりとりしていた相手が消えてしまうことを指します。

「つい、昨日まで親しくＬＩＮＥをしていたのに、なぜか未読のままずっと返信が返ってこなくなった」「待ち合わせの約束までしていたのに、突然返事が来なくなってしまった」なんて経験をしたことはありませんか?

このように、**ついさっきまで、別に悪い雰囲気じゃなかったのに、突然返事が来なくなるようなケースに使われる言葉が「ゴースティング」です。**

ゴースティングは、された方は非常につらいですよね。「なぜ自分は嫌われてしまったのか」がわからないので、ゴースティングをされると、「あれが悪かったのかもしれない。

いや、これも悪かったのかもしれない」と、自分を責めるような思考に陥ってしまいます。無駄に傷つくんですよね。

一方、ゴースティングをしている本人は、「なんとなく」とか「ちょっと面倒になっちゃった」という理由だったりするわけですね。

特に、ゴースティングしている側は、そんな深く考えていないケースがほとんどです。悪意とまではいかないけれど、「ちょっと飽きちゃったかな」という軽い気持ちで、いとも簡単に相手を「無視」してしまう。ゴースティングをしている側とされている側に大きな非対称性があるわけですが、**現代は些細《ささい》に見える出来事でも、大きなストレスを受けてしまう時代なんですね。**

このような中、どうすればパートナーを見つけられるのか、スムーズにやり取りできるのかを「指導」するゲームアプリも出てきています。

例えば、Tinder《ティンダー》をもじってTender《テンダー》と名づけられているアプリがあります[※15]。アプリ自体はTinderを模した「ゲーム」になっていて、実在しないキャラクターと「マッチ」して、ＡＩのチャットボットらしき対象と「会話」をして、見事デートに誘うことができるかを練習するシミュレーションゲームです。実戦で失敗するのが怖い人向けに、ゲームでマッチングアプリの練習をしてもらおうという狙いです。

みんなお金に悩んで、病んでいる

人が心身の健康を損なう要因は、人間関係だけではありません。お金の問題も無視できません。コロナの影響で、仕事が立ちゆかなくなってしまい、お金の問題で心を病む人も非常に多くなっています。

APAの調査によれば、**アメリカ人のストレスの原因の第1位は仕事で、第2位はお金の問題**でした[※16]。

こうした一連の問題に関して、アメリカの政府機関のCFPB（米国消費者金融保護局）は「フィナンシャル・ウェルネス」という概念をつくりました。

①毎日および毎月の財務の管理ができる
②経済的ショックを吸収する能力がある
③経済的目標の達成に向けて順調に進んでいる
④人生を楽しむための選択をする自由がある

このどれかを損なうと精神的な負担につながるといいます。

アメリカにはさまざまなインフルエンサーがいますが、なんとミセス・ダウ・ジョーンズさんという「フィナンシャル・ウェルネス・インフルエンサー」がいます。

彼女は、インスタグラム上で、フォロワーにお金との上手な付き合い方や、資産運用などについて啓蒙しています。

キャッチコピーは、「Finance Is Cool」……[※17]。

医療の分野では、人間の健康は、運動や食事、睡眠が基本だと考えられてきましたが、このように最近は人間関係やお金の問題も、健康に大きく関係していることが指摘されているのです。

ウィスコンシン大学とロバート・ウッド・ジョンソン・ファウンデーションとの共同研究によれば、遺伝子の影響を除外した上で、**人が病気になってしまう原因は、実は食事の不摂生や運動不足以上に、社会経済的な要因が40%を占めるというデータもあります。**

この研究によれば、食事や運動不足は、病気の原因の30%だそうなので、人間関係やお金の悩みの方が、ダイレクトに体への害を及ぼしていることがわかります。

つまるところ「健康」の問題は、極めて社会経済的な問題だということです。

そして、これが意味するところは、健康は個人の問題であると同時に、社会の問題でもあるということなんですね。

睡眠や食事なら、セルフケアで解決できるかもしれませんが、人と人の関係性やお金の問題は、「自己責任」という話だけでは済まされない問題でもあるのです。

特にお金の問題は、政府や企業が取り組むべき側面が大きい領域です。

コロナウイルスで亡くなる人がいる一方で、経済的な苦しみで病む人もいる。そのような現実の中で、政府や企業が今、経済や孤独の問題に対して、どのような公的サポートができるのか、とても重要な局面をむかえているのではないでしょうか。健康や社会不安に直結する問題なので、なおさら重要です。

「インターセクショナリティ」という視点

社会と個人の健康の関係において、ここでどうしても触れておかないといけないのが、この問題は、**実は社会に根深く残る人種差別の問題ともつながっている**ということです。

例えば、アメリカ国内において、メンタルヘルスで深刻な状況を抱えている人は、白人よりも黒人の方の割合が高いといわれています。

Black《ブラック》 Lives《ライヴズ》 Matter《マター》の運動は、黒人のジョージ・フロイドさんが、警察官からの暴力を受けて亡くなったことに端を発して起こった社会運動ですが、運動の中で、法制度など、あらゆるところに差別が「社会システム」として根づいていることを広く問いかけました。

差別が社会構造の問題であるがゆえに、マイノリティが医療や教育へのアクセス、雇用、住居など、さまざまな領域において、不利な状況を強いられているということが議論されました。実に根深い問題です。

健康の問題も、ついつい自助努力といわれがちですが、突き詰めていくと、社会構造に埋め込まれている差別の問題と複雑に絡んでいる側面が大きいのです。

このような複雑なかたちで、システムに抑圧されている人が出てしまうことに対して、よく「**インターセクショナリティ**」という言葉が使われます[※18]。

例えば、コロナの感染は、人間誰しも「平等」にかかると思われているかもしれないけれど、蓋を開けてみれば、人と会わないとできない仕事をしている人なのか、オンラインやリモートでできる仕事をしている人なのか、「職業」によって、当然感染リスクは違います。

さらにその「職業」につく人たちの「学歴」とか「給料」「人種」をさらに見ていくと……そこに社会構造が見えてくるわけです。実は、すべてがつながっているのです。個人の健康問題は「社会システム」の問題でもあるんですね。こうした問題に対し、人々は、政府や行政による改善に期待をしていますが、同時に**大きな資本があり、社会的影響力の強い企業に対しても、サポートやアクションを期待しています。**

要するに、マーケティングはこの社会的不平等に対して何ができるのか？　と問われているのです。

こうした問題に対して、日本人の立場からすれば、「まぁ、わかるけど、所詮はアメリカの話でしょ」と関係ないことにしておきたいという人もいるかもしれません。

しかし日本にも、もちろん、かなり歪んだシステムはありますし、問題は山積みです。そして、経済はすでにグローバルにつながっています。

だからこそ、プロテニスプレイヤーの大坂なおみ選手が、勇気を出して大きな大会の出場を辞退しメッセージを発信した時、日本の企業は彼女に対して、何かできることはなかったのか？　と真摯に考えることが大事なのです。

改めて、企業がセレブリティとパートナーシップを組むことや、ビッグイベントに協賛をすることの意味とは何でしょうか。

プロモーションや宣伝効果云々だけではなく、どれだけ人々の置かれている立場に敏感でいられるか、人々の健康や心はどのように守られるのか、影響力を持つ「企業」として、社会とどのように向き合いたいのかが問われているのですね。

「クソリプ」と「炎上」のSNSがもたらしたもの

だいぶ、重たい話をしましたが、さらにもっと重い話をしなければなりません。

SNSのダークサイドについてです。

先ほどお話しした、メンタルヘルスや孤独の問題は、実はSNSの弊害も大きいんですね。ここでは、Z世代のインサイトを捉える上で、SNSがメンタルヘルスの問題にどう関わるのかについて考えてみましょう。

ツイッターが出てきた2007年からの10年あたりまでは、利用しているユーザーもオープンかつリベラルな価値観をもった人が多く、社会に対する前向きな意識が高かった時代がありました。

当時はツイッターのようなプラットフォームを使うことで、社会変革を起こせるという論調が主流でした。サマー・オブ・ラブの再来であるといった議論や、エジプト革命にSNSが重要な役割を果たしたという論考が盛んに行われていたんですね。サマー・オブ・

ラブとは、1968年に起きたアメリカでのヒッピー・ムーブメントを指します。

現『WIRED』日本版の編集長の松島さんは、次のように振り返ります。

「00年代の終わりに、サード・サマー・オブ・ラヴが起こった。その震源地は初代と同じで米西海岸からだったけれど、正確に言えばそれはセカンド・サマー・オブ・ラヴ以降に本格的に出現したオンラインのなかで生まれ、クリックひとつで全世界へと飛び火した。それこそが、ソーシャルネットワークだった。

ツイッターをはじめとするグローバルなソーシャルプラットフォームの出現によって、社会は一瞬だけ開かれた。誰もが個として尊重されながら、自由に誰とでもつながることができた。凝り固まった社会階層やジェンダーを超えて、あらゆるヴォイスがタイムラインを埋め尽くした。同じ趣味、同じ感性、同じひらめきを抱いた仲間を発見することはたやすく、それはリアルな場へとすぐに染み出していった。初めてEやLやマリファナをきめて周囲を見回すように、誰もがこの新しい場での振る舞い方を模索していた。でもその底流にあったのは、オープンで自律的なつながりの先に新しい社会が到来するという、無防備かつ確かな実感であり、信頼であり、ユーフォリアだった。」（松島倫明「きみはサマー・オブ・ラヴを見たか?∴令和に寄せて編集長から読者の皆さんへ」WIRED、2019年5月1日[※19]）

スタートアップの起業家も、当時は、ロックスターのようなかたちでメディアに歓迎され、「従来の政治のように、重要な議論を密室で進めるのではなく、我々のサービスは、透明性を重視し、国境も越えて、世界をつなぎ、不正のない社会を実現するのだ」という、今から考えると、なんとも幼く見えるビジョンに多くの人が熱狂していました。

元アメリカの大統領のバラク・オバマ氏はSNSを上手に使って、有権者の声を拾い脚光を浴びた最初のアメリカ大統領でした。オバマ直下の「Truth Team」なる組織が、有権者の声を分析して、選挙戦略の立案をサポートしていたんですね。

しかし、それから10年以上がたち、SNSも広く普及すると状況が変わり始めます。「意識高い系」じゃない人たちや「鬱憤《うっぷん》がたまってて、口汚く他人をののしるような人」「自分が満たされないから、立場の弱い人に執拗な嫌がらせをする人」まで、幅広い人たちも参加するようになったのです。

まさに今のツイッターやヤフコメには、こういう「クソリプ的な行為」が溢れるようになってしまいました。

現代は、SNSによって、出会うべきではない人たちが、出会いやすくなってしまったのです。

私自身、広告会社で働いていた2009年から2014年あたりまでは、ツイッターを使ったマーケティングに夢中でした。

企業も、姿勢さえ間違えなければ、「これまでとは全く違った等身大の、親密な関係を、ブランドとファンとの間に築けるのではないか？」と考え、その可能性にかけて、さまざまな施策を提案していたのです。それに関する書籍まで出版してしまったほどです。

広告モデル、フェイクニュース、アドフラウド

しかし、今思えば、SNSは大きな問題も内包していました。**一番の問題は、そもそもSNSは広告モデル以外にマネタイズの手段を思いつけなかったこと**だったと思います。

「フォロワーは多い方がいい」と考えるユーザーの承認願望と、広告露出は多い方がいいというビジネスサイドの思惑が合致して、SNSは居心地のいい場所から、鬱憤や罵り合い、自慢や嫌がらせやハラスメントに溢れた、巨大な媒体に急速に変化していったのです。

消費者からすれば、身近な友人と楽しくじゃれあっているうちはよかったのですが、SNSの企業側は、ビジネスとしてインプレッション数をあげるために、特に知り合いでもない人のアカウントをタイムラインに提示し、「この人もいいね！　と言っています」とか「この人もフォローしてみましょう」としつこくレコメンドしてくるようになりました。

次第にフォロワーが多くなってくると、ユーザーも「もっと多くしなきゃ」と思って、

投稿を気にし始めます。

さらに参加する人が多くなってくると、リアルでは出会うはずもなかった人ともつながってしまい、思わぬところから「クソリプ」が飛んでくるようにもなりました。

140文字で複雑な文脈まで伝えるのは難しいので、誤解もうみやすくなりました。「表示さえしてもらえれば、広告費が儲かる」という発想は、やがてフェイクニュースの問題やアドフラウドの問題につながります。

表現の自由を傘に、ヘイトスピーチなども野放しにされていきます。「表現の自由」と「発言の規制」とは難しい関係にありますが、「広告モデル」をとっている以上、「どんどん発言してもらいたい」というSNS側の本音もあり、事態は収集がつかなくなっていきます。

現在は少し規制も入り、一部対策もされている面もありますが、基本はまだまだ問題発言も放置されたままです。

一次情報など知らない人たちが、知ったようなことを言い始めたり、「炎上」に乗っかってくる「イナゴの大群」のような人々による私刑が行われるようになりました。

SNSを使って、インフルエンサーになれば、「好きなことをして生きていける」かと思いきや、クライアントワークをすることになるし、無理もするので、逆に「好きなこと」

ができなくなっていくケースもたくさんあります。**インフルエンサーの仕事なんて楽ではありません。**

あらゆる「自由な場」は、やがて自由ではなくなり、規制が入ってきます。サマー・オブ・ラブには必ず終わりがきて、二日酔いの朝のように、頭痛や吐き気を感じる日がやってくるのです。

時に、**深刻なかたちで傷つく人も出てくる。**リアリティショーに出て、一斉に叩かれることに耐えられる人がどれほどいるのでしょうか。ヘイトや差別などの言葉が飛び交うような場所にずっといると、メンタルを病まない方がおかしいと言えます。

もちろん、マーケターもこの現実を直視しなくてはなりません。

実際、Black Lives Matterの運動が起こった時、多くの企業は、フェイスブックが差別的な発言をしている人たちの投稿を削除しなかったとして、フェイスブックへの広告出稿を停止する措置をとりました[※20]。

これから、マーケターは、どのようなコンテンツに関連して自分たちのメッセージが発信されるのかについて、より敏感になる必要があります。

セルフケアは、生活の儀式であり、カルチャーのひとつになっている

さて、ここまで若者のメンタルヘルスの話や、孤独の問題、SNSの弊害についてお話ししてきました。このような中、当然のことのように「メンタルケア」「セルフケア」についての関心が高まってきています。

若者にとって、心身のケアや、**人間関係の改善を通して「セルフケア」をすることは、生活の中の「儀式」となりつつあり、もはやひとつのカルチャーになっている**といってもいいでしょう。

従来、メンタルヘルスについて公に話すことは「タブー」とされていましたが、現在は、とても大事なことであるという社会的なコンセンサスもあり、話すことはタブーではなくなってきました。

例えば、メンタルヘルスに関するおしゃれなカルチャー雑誌『Anxy《アングザイ》』もあるくらいです。この雑誌のデザインには、従来のタブー感はなく、話題にしやすい工夫があるように

思います[※21]。

日本でも、『うつヌケ』（田中圭一著）など、メンタルヘルスを扱った漫画の作品が次々とヒットしました[※22]。

ちなみに、セルフケアのメソッドの中でも、例えば食の世界では、近年「ブレイン・ガット・アクシス」（日本語では「腸脳相関」と紹介されることが多い）という言葉をよく耳にするようになりました。

脳と腸の関係、また腸とメンタルヘルスの関係が次第に明らかにされつつあるのです。

食からメンタルヘルスを改善するアプローチですね[※23]。

２０１８年は、日本でも「腸活元年」といわれており、乳酸菌が免疫力やメンタルヘルスに関係しているという知見が一般の生活者にも広がり、店頭にも多数の乳酸菌関連の製品が並ぶようになりました。帝人や森永など、「乳酸菌を推したい」企業で連合して、情報発信を行っているようです[※24]。

私は、サイエンスの専門家ではないので、メカニズムについては、研究者や専門家に解説は任せますが、セロトニンなどの重要なホルモンは腸内でつくられるからこそ、乳酸菌が重要な役割を果たしているようなのです。

つまり、人間は自分の「機嫌」や「感情」を、自分の「頭」で制御しているかのように見えて、実は「腸の調子」、もしくは人間ではない微生物の「乳酸菌」に制御してもらっていただけの可能性もあるのです。

いつもイライラしている人も、もしかすると、その人はお腹の具合が悪いのが原因かもしれません。

「心はどこにあるのか？」は、長いこと哲学で議論されてきた問いですが、もしかすると「乳酸菌と腸との関係性こそが、心だったのだ」なんて話になるかもしれません（適当なこといってすみません）。でも、もし、それが本当に現実だとすると、「近代的自我」なんて言い始めた人間は、なんて傲慢だったのか、と思うのです。

そういえば、夏目漱石は胃腸が悪かったんですよね。夏目漱石の胃腸が、もし健康であれば、その後の日本の文学は、あのような鬱屈感がなく、爽やかでウェルネス感に溢れる作品がたくさん続いた可能性もあります。

『こころ』も、人間関係のドロドロをめぐって自殺をするような話ではなく、3人で仲よく暮らす話になっていた可能性だってあります（冗談がすぎてすみません）。

まだ正確なことは言えませんが、精神の健康と腸の関係はとても奥が深いことがわかってきているんですね。

日本でも、KINS《キンズ》というスタートアップが乳酸菌のサプリをパーソナライズして届けるようなサービスがあったりしますが、自分に合った乳酸菌を取ることが、これからの健康法として重要になるかもしれません[※25]。

「明日、会社に行きたくない」それ、バーンアウトかもしれません

ちなみに、メンタルヘルスの問題を話してきましたが、今話題となっているのは、メンタルヘルスの中でも、「グレーゾーン」にいる人です。

グレーゾーンとは、すなわち**「医師にかかるレベルの不調ではない」けれど「前向きで元気な状態でもない」という意味です。**

極度に落ち込みが激しいのなら、すぐにでも心療内科に行った方がいいのですが、「正直、そこまでではない」人って、結構いると思うんです。

「今日、どうしても会社にいきたくない」とか、「日曜の夜になると、憂鬱でつらい」とか、「この資料、つくる意味あるのかな」とか。病気かと言われると、多分そうでもないけど、でも結構つらい時ってありますよね。これが「グレーゾーン」です。今、世界的に、この「グレーな状態」をなんとかしようという動きが出てきているのです。

キーワードとなるのは、「バーンアウト（燃え尽き症候群）」です。

バーンアウトは、明確なうつ病と違って、医師からすると、病気という診断になるものではありません。けれど、「仕事に対して手ごたえを感じられない」、「自分の仕事が何に役立っているのかわからない」など、本人にとってはつらい状況を指します。もしかすると、日本のビジネスパーソンのほとんどが、バーンアウトしているような気がしますが……。

実は、これグローバルレベルで、ホットトピックになっているんです。

2019年、WHOは、正式に「バーンアウト症候群」があるということを明記したんですね。病気ではないが、そういう症状があるということを認めたのです。

WHOによれば、「燃え尽き症候群は、病気や健康状態には分類されていません」と明記しつつも、次のような定義を与えています。

「燃え尽き症候群は、うまく管理されていない慢性的な職場のストレスに起因する症候群である。燃え尽き症候群は3つの側面で特徴づけられる。

①エネルギーの枯渇や疲労感

②仕事に対する精神的距離の増大、または仕事に対する否定的・皮肉的な感情

③プロフェッショナルとしてのエフィカシー（専門知を生かして価値ある仕事をできている）の低下（著者訳）」[※26]

この定義、やっぱり多くの人が当てはまりますよね……。

このバーンアウトしている人たちに対して、世界的に対処していこうという論調が出てきていて、「医療に隣接する領域」から、バーンアウトしてしまっている人たちのためのサービスもたくさん生まれてきています。

例えば、アメリカで2021年の1月にサービスを開始した遠隔医療サービスPace《ペース》は、心の健康の「グレーゾーン」にいる消費者、つまり精神疾患と診断されていなくても、燃え尽き症候群や気分の落ち込み、ストレスなどに悩まされている人を対象に、バーチャルグループセラピーを提供しています。

このサービスでは、共通の関心事やアイデンティティを持つ8~10人の個人をオンラインでつないで、週1回のライブビデオセッションで感情や悩みを共有しています[※27]。

ほかにも、気分がふさぎ込むようなメディアの記事に触れないように、有害なニュースの消費やネガティブなエコーチェンバーからユーザーを守るためのアプリもあります。

2019年4月に発売されたGem《ジェム》のアルゴリズムは、扇情的な記事を非表示にし、より意味のある記事だけを表示させるニュースキュレーションアプリです[※28]。

マイクロソフトも、瞑想アプリで有名な「Headspace《ヘッドスペース》」とコラボレーションをして、チームスの利用者向けに、「そろそろ休憩をした方がいい」とか、「瞑想をサポート」するような機能を実装しようとしているそうです[※29]。

スピリチュアルが、セルフケアのコアになりつつある

さて、バーンアウトした若者たちの現状についてお話ししましたが、医学領域とは全く別の領域から、新しい「セルフケア」の潮流が生まれていることはご存じですか。実は、**セルフケアをハードコアに実践する若者たちの間で、スピリチュアリティにも大きな関心が寄せられているんです。**

穏やかで、健康的な生活を追求していくと、食事や睡眠などのサイエンス的な「健康法」の実践だけではなくて、超越的なものに「生きる意味」を求めたり、日々「祈ること」がメンタルヘルスにいい影響を与えてくれるところまで考えや実践が及んでいくことは、みなさんも想像に難くないと思います。

「ネガティブ・ケイパビリティ」という言葉があります[※30]。

これは、親しい友人の突然の死とか、大災害など、説明のつかない理不尽な状況におか

れた時、それをどのように「耐える」か、その忍耐力を指す言葉です。

例えば、親しい友人が交通事故にあって、ある日突然、亡くなってしまったとします。サイエンスの説明としては「運転手の不注意で、自動車が時速100キロでぶつかったから、その人は亡くなった」となるわけですが、あなたは「なぜ、彼が、あの時に亡くならなければならなかったのか」ということには納得できません。

その問いには、誰も答えてくれません。しかし、あなたはその問いを問わざるを得ない。この理不尽な状況に対して、人は耐えることができません。

このような時、科学的な因果関係の説明は何も役に立たないのです。

この理不尽さに耐える能力こそ、「ネガティィブ・ケイパビリティ」です。

パンデミックになった今、現実の世界がより「理不尽」であればあるほど、「ネガティブ・ケイパビリティ」が必要になっています。ウイルスが広がっていることはわかる。だけれども、なぜ、お葬式もリモートでやらねばならないのか？　なぜ、学校で友人にも会えないのか？　今、私たちはまさにこの能力が求められていると思うんですね。

ライフスタイルとしてのスピリチュアル

心の健康を保つためには、サイエンスや政治・経済の言葉や説明だけでは、足りないのです。

理不尽な状況におかれて、人は静かに祈る時間や、超越的な視点から、現実を説明してくれる「物語」を必要とします。

つまり、スピリチュアリティの言葉や超越的な視点での解釈フレームが、求心力を持ち始めるんですね。

私も、セルフケアとして瞑想をしたりすることもあるのですが、ふと、「あの先輩の病気が治るといいな」などと「祈り」に近いことをしていると、なぜか自分もすっと楽になる瞬間があり、祈るような時間がいかに精神衛生上重要かは実感しています。

また、私は『VOGUE GIRL』の「しいたけ占い」が好きなんですが、あれは「占い」といっても、よく読むと、ほとんどが「励まし」の言葉で書かれているから、心にすっと入ってくるわけですね。

本当にしいたけさんの文章は、心に優しいし「効く」と思います。

スピリチュアルというと、すぐ死後の世界とか、怪しげな霊感商法とすぐ結び付くイメージがありますが、ここでいう**スピリチュアルは、より広いライフスタイルに関連した知恵を指します。**

実際に、スピリチュアルなものと、賢くつき合っている人たちも多くいるのです。好むと好まざるとにかかわらず、コロナ時代に、スピリチュアルは、セルフケアのコアになりつつあると感じます。

実際、統計的にも、面白い傾向が見られます。例えば、NHKが定点観測的に調査しているデータに「現代日本人の意識構造」がありますが、戦後からの傾向では「宗教心は失われているけれど、スピリチュアルへの関心は高まっている」ということが見て取れるんですね。

これは、生活者の実感としても、よくわかる傾向です。お葬式とか、お墓参りなどの時じゃないと、普段からお寺に行ったりしないけれども、仕事運とかを気にして、ちょっとした占いを受けたり、旅行のついでに神社に寄って、お参りをしたり、お守りを購入したりしますよね。それも広義のスピリチュアリティだと捉えてみれば、その需要は高まっているのです。

スピリチュアルとテクノロジーの融合は、何を生み出す？

一方、欧米や中国でも、これらのスピリチュアルのブームが盛んに起こっていて、若い人たちから熱烈な支持が集まっているのが現状です。

面白いのは、**従来の占星術などのメソッドに、ITや、サイエンスの知見が融合した新たなサービスが生まれ、人気になっている**ことです。

例えば、占星術アプリの「Co-Star《コー・スター》」は、アプリに生まれた日時と場所を入力すると、N

ＡＳＡが公開している衛星の軌道のデータを読み込み、リアルタイムにユーザーの「運勢」が刻一刻と変わっていく様子を配信するサービスを提供しています。高度なサイエンスと、スピリチュアルの融合です[※31]。

また、雑誌『ＷＩＲＥＤ』は、現代に生きる「魔女」に関して、リスペクトを持って紹介しています[※32]。

記事によれば、アメリカ西海岸で、現代の魔女活動をしている人たちは、最新のテクノロジーのＶＲ（仮想現実）やＡＲ（拡張現実）を使って、ヒーリングなどを行っているそうです。もともと、ＶＲの技術は、西海岸のヒッピーや、サブカルチャーの牽引者たちが構想した技術だったことを考えると、一周回って、今を生きる魔女たちが、西海岸でＶＲを使って儀式を行っているのは、さもありなんです。

また占星術と言えば、「Struck《ストラック》」という占星術を使ったマッチングアプリすらあります[※33]。これは、なんと「占星術的に相性がよい人」と出会うことができると謳っているアプリです。

既存のマッチングアプリは、相手の顔写真や、趣味や職業からマッチする仕組みですが、前にお話ししたように、出会いが多すぎて誰に決めていいのかわからない問題がある中で、このStruckは「運命（＝この人しかいない！）」をデザインしているということです。

もはやユーザーは、**スペックの検索を無限に繰り返したところで、「この人だ」と決定するのが不可能なのです。**

結局はタイミングや運が「決断」を促すのですが、まさにこのアプリは、占星術という「タイミングや運」をサービスに組み込むことで、「やっと、あなたに出会えた！」という感覚を提供しているわけです。

「決められない」人たちにとって、その意味で面白いサービスだと思います。

たしかに、占星術的に相性がいい人なのだと聞かされて出会えば、デートでもちゃんと礼儀正しく振る舞おうと思うかもしれません。

既存の宗教も新しく変革を始めている

さて、こうしたスピリチュアリティのブームが起こっている中で、既存の宗教組織もさまざまな「変革」を通して、新たに若い人たちを惹きつけようと動いています。

ネットフリックスでも配信された映画「２人のローマ教皇」は、カトリック協会が、こんな映画を製作するんだ！　と驚きと新鮮さがありましたが、伝統的な宗教も新しいかたちを模索しているように思われます[※34]。

非営利系の調査組織Pew《ピュー》 Research《リサーチ》 Center《センター》による２０１９年の調査（つまり、コロナ前）によれば、アメリカでは、一般的な傾向としては「自分は、無神論者である、不可知論者である」あるいは「特に何もしない」と回答した人は２００９年の17％から26％へと増えています[※35]。

しかし、２０２０年、コロナ後の同団体による調査によれば、米国の成人の24％が、パンデミックの影響で信仰が強くなったと答え、逆に信仰が弱くなったと答えたのはわずか2％でした。また、アメリカ人の10人に9人は、何らかの崇高な力を信じていると答えています[※36]。つまり、**宗教への関心が強くなっているんですね。**

同レポートによればこの増加は、黒人、女性、高齢者の間でより顕著であり、コロナウイルスがこれらの層に与えた影響が大きいことを反映している可能性があるとしています。

実際、英国のキリスト教系オンライン書店「Eden」では、２０２０年4月の聖書の売上が55％増加したそうです。これは、キリスト教だけの傾向ではありません。Google Playのコーランアプリの全世界でのダウンロード数が、2月から3月にかけて倍増しているというデータもあります[※37]。日本でもお坊さんのユーチューバーとして有名な「大愚和尚」はチャネル登録者数が40万人もいて、人気を博しています[※38]。このような新しいかたちでコミュニケーションを取る伝統的な宗教の団体も増えてきているんですね。

宗教組織によるデジタル活用も盛んに行われています。特に、ネットによるライブストリーミングが盛んです。

キリスト教団体のTearfund《ティアファンド》の調査によれば、英国の成人の4分の1が、ロックダウン中に宗教的なオンライン・サービスを見聞きしたそうです[※39]。

また、英国に「アルファコース」という名前で、キリスト教の観点から、人生の意味を考えるプログラムがあるのですが、2020年の春に、プログラムをズームに移行して以来、登録者数が3倍に増えたそうです[※40]。

レポートによれば、**人々は、伝統的な宗教の持つコミュニティに価値を感じているのだといいます。**

たしかに、**コロナの影響で、学校や会社にいけなくなり、孤独を感じているのであれば、宗教は、コミュニティとして、孤独を和らげてくれます。**

最近のGoogle検索トレンドによると、ブラジル、メキシコ、アメリカでは、イースターの日曜日に行われた宗教関連のライブストリームが、各国の人気ライブストリームのトラフィック数トップ100のうち30%以上を占めていたとのことです。

また、グーグルは、ソーシャル・ディスタンスが始まって以来、これらの国では、宗教行事が日曜日の最大のライブストリーム・イベントのひとつになっているとレポートしています[※41]。

私が面白いと思ったのは、イスラム教の「ゲーム」まで登場していることです。

2020年の7月に、ドイツのデベロッパーBigitec《ビッジテック》が2019年にリリースした教育エンタテインメントアプリに「Muslim《ムスリム》 3D」(ベータ版)があります。同社は2020年に、このアプリのアップデートとして、3Dアバターを使ったメッカの「メタバース」をつくりました。このアプリの中で、グランドモスクなどの建物を、アバターで巡回することができるようにしたのです。このアプリは、イスラム教徒を中心に、50万ダウンロードを記録しているそうです。

私が特に面白いと思ったのは、このゲームの空間が、きちんとイスラム教へのリスペクトがあり、とても気品に溢れた世界観になっていることです。

ゲームといえば、「荒野行動」のように殺伐と撃ち合うものが多い中、このゲームは、知的なイントロダクションを充実させ、イスラム教の文化的な荘厳さをうまく表現しているのです。これが素晴らしいなと思うのは、普段イスラム教にそれほど関わりがない人でも、イスラム教の豊かさや知恵を知ることができる点なんですね。リモートだから巡礼できない人に機会を与えつつ、オープンに学べる場にもなっています。

若い人向けのコミュニケーションの分野で、私が注目しているのは、キリスト教系スタートアップのalabaster《アラバスター》という会社です[※42]。この新興企業は、聖書のエディトリアルデザインを、とても新鮮な目線でつくりかえています。

同社は、「instagrammable bible（インスタ映えする聖書）」をつくるんだと宣言していますが、若い人たちに「ハッ」と気づきを与えるような活動をしています。

まるで『kinfolk』などの美しいカルチャー雑誌のような、気品ある写真や、シンプルで格調高いフォントで構成された聖書のレイアウトは、同じ聖書の物語でも、新たな発見を与えてくれそうです。

ここまでメンタルケアの側面から、サイエンスやスピリチュアルの世界で起こっているさまざまな現象や事例を見てきました。

まさに**セルフケアや孤独を癒すために、食生活のレベルから、宗教やスピリチュアリティまで、全般的に「癒し」が求められているように思います。**

弱さは強さ、強さは弱さ

さて、第2章では、Z世代のインサイトということで、メンタルヘルスの問題を中心に、深く考えてみました。深くなりすぎて、スピリチュアリティや宗教の話までいってしまいましたが……。

今、いかに孤独や分断が、若者のメンタルヘルスに影響を与えているか、おわかりいただけたのではないかと思います。

これは、暴論かもしれませんが、私はすべてのブランドは今後「メンタルヘルス」の問題に向き合う必要があると思っています。

一体誰がパワハラをしている人がいる会社の製品が欲しいでしょうか。表ではリベラルな発言をしているのに、裏でめちゃくちゃ人を追い込んでる人の正義感なんて信じられるでしょうか。採用試験で差別をしている会社が生き残るのは許せるでしょうか。ステマばかりのSNSを読みたいと思うでしょうか。

考えだすと、普通にめちゃめちゃ病みますよね。

みんなあまり考えたくないから、サウナとかシーシャ、CBD（カンナビジオール）が流行っているのかもしれません……。

Z世代の抱えるメンタルヘルスの問題を考えていくと、私たちが所属している社会そのものの「病み＝闇」の問題に近づいていきます。

コロナや孤独、メディアの凋落や政治不信、社会の不平等など、非常にストレスフルなものに取り囲まれた状況に暮らす若者に対して、これから、マーケティングは何が「約束」できるのでしょうか。

これまでのように、プロモーションを頑張って、とにかく買ってもらおうと「売り込みをかける」だけでなく、まずは、**「誰かと誰かをリアルにつなげる」とか、「他の有害なものから人を守る」ような役割が求められていく**んだろうと思います。

弱さや傷つきやすさに、深く共感できること

世の中には暗いニュースが多いのですが、これからの社会をつくっていく若者たちの言動を見ていると、己の弱さや不完全さを認めながらも（バーンアウトしながらも）、少しでもよくしていこうという信念を持っているように見えます。

大坂なおみ、フランク・オーシャン、ビリー・アイリッシュ、BTS、バッド・バニーなど、現代を象徴するスーパースターこそ、傷つきやすさに敏感で、優しくオープンであ

り、またとても強く美しい存在です。

今、男性らしさ、女性らしさ、人間らしさが見直されています。かつて強いと思われていた、威圧的で乱暴な人こそ、実はただ強がっていただけの弱い人であり、奥底にある不安や焦りをケアする必要があると、みながわかり始めています。孤独やバーンアウトは、弱虫として切り捨てるのではなく、共感を持って真摯に向き合うべき対象であると、みなが気づき始めています。

人々は、ひどい状況に耐え泣き寝入りするのではなく、恐れながらも正直に「いやだ」と伝えることで、少しずつ状況が変わることを学び始めました。

時にスピリチュアルや宗教に頼ってもいい、正直に弱さを認め、セルフケアをして、少しでも真っ当に世の中を変えていきたいと願う。

まだ、理想からはほど遠いかもしれないけれど、自分の弱さを知り、他者の弱さや傷つきやすさに深く共感できる能力こそが、新しい強さに変わりつつあるのです。

コラム　多様に見えて、多数なだけの罠に気をつけろ

本コラムでは、Z世代の人たちが憧れる「インフルエンサー」の問題点について、ちょっと考えてみたいと思います。

ミレニアル世代に花開いた「スタートアップカルチャー」は、後続のZ世代に、起業家精神と、実際の起業に必要なツールの2つを継承しているようです。

つまり、「起業家はかっこいい」というイメージが継承され、ミレニアル世代の起業家がつくったフェイスブックやインスタグラム、ショッピファイなどのツールが浸透したことによって、起業に憧れているZ世代にとって、起業のハードルが下がり、実際に気軽にビジネスを始める人たちが増えているのです。

ミレニアル世代の人にとっては、全人生をかけた「起業」だったのに比べて、Z世代は、「フォロワーがそこそこいて」ちょっと「古着好き」なだけの人でも、メルカリとインスタグラムを使えば、「起業家」になれる時代になったということです。

要するに、ちょっとしたユーチューバーやインスタグラマーでも、立派な起業家と名乗ることができる時代になったのです。

「冗談でしょ」と思うのは、アメリカでは『Teen Boss』という10代の子向けの起業雑誌まであるのです[※43]。この雑誌、内容はたわいもないもので、ユーチューバーの

なり方とか、名刺のつくり方なんかが特集されています。

ある意味、Z世代にとっては、起業も「ファッショントレンド」になってきているのかもしれません。

日本でも、私が最近の現役の東大生に聞いた話では、起業家をやってるということが「ステータス」になっているらしいのです。デートの席でも、食事代を「経費で落とす」ようなことをする不届きものもいるそうです（当然、仕事に関係ない会食を経費で落とそうとするのは、脱税に当たるので、くれぐれも真似をしないように）。

昔はモテたければ、バンドマンをやるのが王道だったと思うのですが、今やスタートアップをやっていることが、モテるための必須のツールになっているのでしょう。

そういえば、ネットフリックスのドラマでも「スタートアップ」というタイトルのドラマがありましたね。私のようなX世代からすると、隔世の感があります。

しかし実際、肝心な起業の「中身」はどうなんでしょう。私からすると、ユーチューバーやティックトッカーたちや、D2Cのブランドも、正直どこも似たようなアイデアを出しているように感じるのです。「面白い」と思えないアイデアばかりに見えてしまいます。でも、それはどうしてなのでしょう？

ひとつ言えそうなのは、ユーチューブとか、インスタグラムとか、商売のためのプラットフォームが整備されればされるほど、その上に乗っかってくるコンテンツが、プラットフォームの特性に引っ張られて、似通ってくる問題があるからではないかと考えられます。

結局、目立ちたければ、プラットフォームで人気が出たコンテンツを、みんなが真似しようとするから似たものばかりが並んでしまうんですね。

要するに、「プラットフォーム側が求めてくるニーズに合わせて、クリエイティブが引っ張られていく」ことが起こる。マネをする人たちが膨大に増えてしまうことで、多様なアイデアではなく、似たようなアイデアばかりが多数流通するようになるんですね。

ユーチューバーも誰かひとりの動画がうまくいくと、みんな一斉に真似をし始めます。「モーニングルーティーン」「大切な報告があります」などなど。

ユーチューブも、毎日更新しているような頻度が高い動画を優先的に露出させるアルゴリズムが働くので、とにかく一度バズった動画を真似たようなものばかりが増えていく。アルゴリズムの影響が大きいんですよね。内容よりも、形式がまず規定されていく仕組みです。

昔、TEDの動画で、「TED風に、賢そうにプレゼンする秘訣」という動画が話題になったことがありました。

これは、裏を返せば、TEDというプラットフォームが求める「賢そうな話のフレームや演出」に多くの話者が引っ張られていった結果、必然的に出てきたパロディなのだと思うんです。つまり、TEDには、TED風プレゼンテーションしか集まってこなくなるわけですね［※44］。

D2Cブランドのデザインもみんなどこも似ているし、インスタグラムで映えといわれているのもほとんど似てくる。

SoundCloudから出てきたマンブルラッパーも似たようなスタイルばかりでした。

本来、自由に見えるプラットフォームも、実は、どこかの段階で、だんだんとコンテンツが似てくるという「罠」があると思うんですね。

「こうやればヒットする（稼げる）」と気がついたら、みんな真似をし始めるからです。ほかにも例えば、スポティファイは「30秒聞いてくれて、初めて1視聴とカウントする」と言うルールがあるため、「稼げる曲」をつくるためには、みんなイントロでなんとか30秒聞いてもらえるようなクリエイションを始めました。

ティエラ・ワックという天才アーティストがいるんですが、彼女は、曲の長さを全部1分ちょうどにまとめて、15曲・15分のアルバムをつくってしまったんですね。このアルバムは、インスタグラムに投稿できる動画の最長時間が60秒だったことに、インスピレーションを受けて制作したと本人はインタビューで明かしていますが、恐らくスポティファイの特性も計算しています。これはプラットフォームの形式を逆手に取って批判的にうまく活用した「斬新」なクリエイティブだったとは思いますが[※45、46]。

結局プラットフォームには、ビジネスモデルが存在するため、しばらくすると、そのビジネス・ルールに最適化された、似たようなコンテンツばかりが量産されていく運命にあるのかもしれません。

プラットフォームにとっては、コンテンツの個性や多様性なんてどうでもよくて、広告費が儲かればいいという発想になってしまうのでしょう。

批評家・作家の東浩紀氏が、もう10年以上前に出版されたクリス・アンダーソンの著書『フリー』を現代の視点で批判的に読み解いています。

「『YouTubeは無料だからこそ、多様なコンテンツを生み出すだろう」といったクリスアンダーソンの予言が半ば外れ、「YouTubeこそ、どこも似たようなコンテンツを多数生み出してしまった」と論じています。東氏はさらに言います。

「ニュースだろうと動画だろうとSNSだろうと、ネットで無料のサービスを提供する企業は、その特性に関係なく、すべていちように、より多くの広告を集め、より高い企業価値を実現するため、できるだけ多くのユーザーを獲得することを運命づけられてしまうということである。かくして、あらゆるネットサービスは、みな『数』の最大化を目標として、たがいに驚くほど似たアーキテクチャへ収斂し（最近の例であれば、結局はインスタグラムのストーリーそっくりの機能を導入することになったツイッターがわかりやすい）、流れるコンテンツも驚くほど似たタイプの表現に収斂していくことになる。ぼくたちがいまむかっているのは、世界中のあらゆるひとが、同じデザインのデバイスを使い、同じデザインのアプリを開き、同じようなニュースに『いいね』を押し、同じような動画や投稿を拡散するディストピアだ。無料は文化の多様性を殺しつつあるのである。」[※47]（東浩紀「観光客の哲学の余白に　第23回　無料という病、あるいはシラスと柄谷行人について」、『ゲンロンβ55』、2020年11月）

今、社会はあちらこちらで、「多様性」を求める声が上がっているのにもかかわらず、その掛け声こそが、広告モデルに支配されたマーケティング的「多数性」の論理にからめ捕られ、どこでもありふれたコンテンツが溢れてしまっているのかもしれません。

多様性はどこに消えてしまったのでしょう。

マーケターも、つい「どうすればツイッターでバズるのか、旬のコンテンツを教えてください」、「もっといいね！　されるコツってあるなら知りたい」と思ってしまいがちです。それをプラットフォーム側が求める要求のままにやってしまうと、次第に「個性」が奪われてしまう危険性があることを忘れてはいけません。

第2章 世界的な消費者インサイトを読み解く KEYWORD & SUMMARY

Z世代

一般的に1990~2000年代終盤までに生まれた世代を指す。2020年の段階で、世界中の消費者の40%を占める。買い物を「投票」だと捉え、「消費行動を通して自分たちの未来は変えられる」という考えを持っているといわれている。

メンタルヘルス

つながりすぎて、逆に孤独を感じるSNS。会ったこともない人からのクソリプ。社会構造が引き起こす、さまざまな問題。これらにより、世界的にZ世代のメンタルはダメージを受けており、健全なメンタルヘルスを保つことが大きなテーマになっている。

バーンアウト

バーンアウトとは「医師にかかるレベルの不調ではない」けれど、「前向きで元気な状態でもない」というグレーな状態を指す。これはグローバルで問題視されており、バーンアウトした人向けにさまざまなサービスやアプリも登場している。

フィナンシャル・ウェルネス

人が心身の健康を損なう要因として、お金の問題も無視できない。近年、お金と健康の関係を指して「フィナンシャル・ウェルネス」という概念が提唱されている。CFPBがその状態を定義しているが、このどれかを損なうと精神的な負担につながるといわれている。

セルフケア

Z世代のような若者にとって、心身のケアや、人間関係の改善を通して「セルフケア」をすることは、生活の中の「儀式」であり、カルチャーのひとつになっている。その中で「腸とメンタルヘルス」やスピリチュアルなどへの関心も高まっている。

第3章

コミュニケーション・エンゲージメントの潮流

ここまで、「未来を約束してくれる」ブランドが支持されること、Z世代のインサイトとして、孤立感や孤独、バーンアウトが問題になっていることをお話ししてきました。では、ここから未来をどのようにつくっていくか。マーケティングに何ができるのか。これらを考えるために、注目すべき具体的な事例や現象をキーワードとともに紹介していきます。

コミュニティ

安心できる居場所を提供できるか

第1章で、ブランドは未来を「約束」するべきだと話しました。その約束の内容は、環境への取り組み、差別をしない公正さ、カルチャーを存続させるためのサポート、などさまざまです。いずれにしても、約束への本気度や実現度にこそ、人は共感をするようになっています。

ただでさえ、コロナの影響で、何を信じていいのかわからない状況が続く中、ブランドは、ユーザーから信頼してもらうためにはどうするべきなのか、真剣に考える必要があります。

現在はブランドが人々から信頼を獲得する上で、広告活動だけでなく、安心できるコミュニティを運営しているかどうかが重要になっています。

英国のリサーチファームのStylus《スタイラス》が発表しているレポートに、ある15歳の女の子の、

「大切なのは、ブランドを通して伝わるコミュニティの感覚です（キャメロン・ワードさん、15歳、ロンドン在住）」という発言が記載されています。

これこそ、今まさにブランドに求められていることの中で、最も重要なことだと思います。

今、**若い人たちが「イケてる」ブランドだと感じるのは、有名かどうかではなく、「生き生きとしたコミュニティの感覚」があるかどうか**なんです。

「生き生きとしたコミュニティの感覚」とは、具体的には「信頼できる人たちが運営している」「近い価値観の人が集まっていて排除されない」、あるいは「自分の孤独に向き合ってくれる」といった感覚です。

ブランドのコミュニティにアクセスすることで、心地いいか、寂しくないか、学びがあるか、排除されないかなど、情緒的な安心感や特別感を得られることが重要なんです。

これは、第2章でお話しした「孤独」の話を想定すれば、わかる話ですよね。

まさに、安心できるコミュニティを運営することも、ブランドにとって1つの「約束」になります。

例えば、2018年に私は、ルルレモンというヨガウェアのブランドがロンドンで主催するイベント「Sweat Life《スウェット ライフ》」に参加しました。

会場に向かうと、感じのいいスタッフが出迎えてくれて、あちこちで楽しそうにヨガをやっているクラスがあったり、健康に細心の注意を払ったランチメニューがあったり、メンタルヘルスに関するセミナーなどが熱心に開かれていました。ヨガのイベントなのに、ＤＪがいて、洒落たダンスミュージックが会場にはかかっており、とてもいい雰囲気だったんですね。ついつい勢いで、その場で新しいウェアを買ってしまったほどです。

ルルレモンは、たしかにデザインや素材が素晴らしいのですが、同時にヨガコミュニティを熱心に運営してきたことで、人気に火がついたブランドです。

今やアンダーアーマーを脅かすほどの売上を誇っているともいわれています[※1][※2]。

「コミュニティの感覚」を大事にすることで、ルルレモンは躍進したのです。

ただ、同時に指摘しておかなければならないのは、ルルレモンはインド発祥のヨガの文化を盗用しているという批判が昔からあり、ホワイトウォッシュ（表面的な模倣）であるという指摘もあります。

最近では、「ナマステ」とネーミングされたウェアに対して、インド系のユーザーが、文化盗用であるという指摘をネットに書き込み、２５０名の署名が集まったのですが、その時点でルルレモンは、迅速に対応し「ナマステ」と名づけたウェアの販売を中止しました

（ただ発売を中止しただけで、ブランド側から、公式な謝罪はなかったようです［※3］）。

ちなみに、同じくヨガウェアを扱うブランドのSweaty Betty《スウェティ ベティー》は、ヨガの歴史の解説に始まり、複数のヨギーへの丁寧な取材を通して、ヨガの文化に関するさまざまな考え方を発信しており、文化盗用に関する議論をオープンにしています。

ブランド側が、さまざまな人と「対話」することや、なるべくオープンかつ透明性を保って、情報発信をすること。このような姿勢がユーザーに対する信頼につながるのです。まさに、ヨガコミュニティを大切にしているからこそできる、丁寧なアプローチだと思います［※4］。

ほかにも、コミュニティやカルチャーを重要視している新興ブランドはたくさんあります。

巻末にZ世代の若者たちから特に注目を浴びている、ファッション系、ビューティ系、ライフスタイル系などのブランドのリストを、載せています。興味がある方は、巻末のリストをご覧ください。**多くの企業が、コミュニティとそのvibes（生き生きした感覚）を重要視している**ことがわかると思います。

政治やメディアへの不信感が募るからこそ、企業に期待すること

安心という意味では、コミュニティとはまた違った側面で、重要視されているのが企業からの「正しい情報発信」です。

ストーリーテリングやナラティブというと、一般的には「フィクション」や「夢」を連想しがちですが、信頼されるストーリーを展開したいのであれば、ブランドは、**まずクールに現状認識をして、正しい情報発信を心がけるべきです。**

企業には理想からは遠かったとしても、「今、何が起きているか」「何がどのくらい改善されてきているのか」を客観的に発表していくことが求められます。ステルスマーケティング（ステマ）や捏造は、問答無用でNGです。

ブランドが、将来の夢を語る前に、現実をきちんと調べて、根拠を持ったデータをユーザーに公開して「安心してもらう」ことが大切なのです。

実際、グローバルのPRエージェンシーであるEdelman《エデルマン》による調査で、コロナ以降、情報への信頼性について消費者にアンケートを行ったデータがあります[※5]。

ここで明らかになったのは、現在、政治やメディアに対する不信感が増しているからこそ、多くの人は企業（特に大手企業）に対して、正しい情報発信や安心できる居場所を求

めているということでした。調査結果を引用してみましょう。

「今、企業は、消費者のパンデミック時代における懸念に対処することが求められています。回答者の3分の2以上（68％）は、政府が対応できない場合には企業のCEOが介入すべきだと考えており、86％は人種差別や雇用の自動化などの社会的課題について企業のCEOが公に発言することを望んでいます（著者訳）」

同調査によれば、企業は他の機関（NGO、政府、メディア）と比較しても、最も信頼されている機関なのです。ブランドは、コロナ時代の「インフォデミック」を食い止めるために、偏りのない**事実を確認したコンテンツを提供することで、この信頼をさらに高めていく必要があります。**

ブランドには、より正しい情報発信が求められているという自覚が必要なんですね。

デジタルキャンプファイア

誰からも否定されない場所を求めて

「コミュニティの感覚が重要である」と言いましたが、これは従来の広告コミュニケーションやSNSのバズ・バイラルのマーケティングと、どのように違うのでしょうか。

広告は文字通り、広く告げることが最重要課題なのですが、コミュニティには、顔の見えるメンバーに対して、親密に丁寧なコミュニケーションを取ることが求められます。

ここに、注目すべき論文があります。2020年の「ハーバード・ビジネス・レビュー」に、ジャーナリストのサラ・ウィルソン氏が寄稿したレポートです。

彼女は、「アンチ・ソーシャルメディアの時代」と題したレポートの中で「これからのデジタル上のコミュニケーションにおいては、SNSは弊害が大きすぎるので、より、みんなが安心して時間を過ごせるコミュニティ、いわば、**デジタルのキャンプファイアができる場所が必要だ**」ということを議論しています。

一部を引用してみましょう。

「ソーシャルメディアというものは、誰もが参加できるかもしれないが、もはや、誰もそこにいることに特別な興奮を感じなくなった。SNSは混雑した空港ターミナルのように感じるだろう。デジタルキャンプファイアは、より小さなグループの人々が集まることに興奮できる、より親密なオアシスとなるだろう。（著者訳）[※6]」（Sara Wilson「The Era of Anti-Social Social Media」Harvard Business Review、2020年2月5日［https://hbr.org/2020/02/the-era-of-antisocial-social-media］）

前に「クソリプ」の話をしましたが、今のSNSは、混雑した空港のように、うかうかしていると誰かと肩がぶつかるような、不愉快な目に遭う場所になってしまったんですね。だから、**今必要とされているのは、人混みから離れた、キャンプファイアができるような穏やかな場所なんです。**

SNSであろうと、友人とのんびりと、安心できる時間を共有する時間が求められているのです。

実によくわかりますね。日本でもリアルなグランピングや、シーシャ、サウナが人気なのもまさにこの「キャンプファイア感」があるからだと思います。

実際、こうしたポスト巨大SNS時代を牽引するデジタルキャンプファイアに当てはまるサービスが、多数出てきています。

最も象徴的なのは、Discord《ディスコード》でしょう［※7］。これは、もともとゲームの実況を友達だけで楽しみたいと考えた人たちが始めたサービスです。

ゲーム実況と言えば、Twitch《ツイッチ》が最大のプラットフォームだったのですが、Twitchは、一般に実況の内容が公開されてしまう。そこで、「仲間内でわいわいやりたい」という声に応えたのがDiscordだったんですね。

現在のDiscordのタグラインは、「Your Place to Talk and Hang Out」（話したり、一緒にたむろする場所）。まさに、デジタルキャンプファイアを求める人たちの心を捉えた言葉です。

のちに、Discordは、ゲームユーザーだけではなく、一般的な会話を楽しむ人たちにも使われるようになり、コロナ下で爆発的にユーザー数を増やしました。在宅ワークをしている人たちの間でも、雑談したい時に使われているようです。

「先輩、ちょっと資料見てもらっていいですか?」なんてコミュニケーションは、実はズームやチームスではなかなかやりづらいですよね。

そこで、Discordのような、**限られたメンバーと常時接続していられて、雑談も許される場所が重宝しているの**です。

今、新しいネットワーキングサービスの多くが、この「なんとなくつながって、雑談をしても許される」場所を狙ってつくられています。

ちなみに、今や誰も話題にしなくなったクラブハウスも、実はこのデジタルキャンプファイア的な性質のサービスだと思います。ただ、私の見立てでは、クラブハウスは、本来は、「デジタルキャンプファイア」に適したサービスだったにもかかわらず、初期の段階で、一気に著名なタレントや人気ユーチューバーがこぞってやってきて、フォロワー獲得を煽ってしまったから「親密なコミュニティ感」が失われてしまったのではないかと考えています。

その結果、コミュニティの感覚がつくられる前に、焼畑のようになってしまった。そもそも心地良いコミュニティは、「バズ」や「たくさんフォロワーを稼ぐ」という思想と、相容れないところがあるんだと思います。なんでもそうですが、「人気先行」で始まってしまうと、すぐに冷めちゃうんです。やはり、「内容先行」じゃないといけませんね。

ダラダラと喋っているライブストリーミングもデジタルキャンプファイア

さて、ほかにもデジタルキャンプファイアの事例が出てきている中で、既存のSNSもさまざまな工夫を始めています。

例えば、コロナになってから、多くの人たちが、大手SNSのピンタレスト内で「セルフケア」とか「メンタルヘルス」に関する検索をして、リラックスできる画像を探し始めるようになっていたのですが、それにいち早く気がついたピンタレストの運営は、同様の検索をした人たち向けの特別なランディングページを用意する、という施策を行いました。

具体的には、「メンタルヘルス」をピンタレスト内で検索すると、瞑想やヨガの仕方、さまざまな心構えを紹介したコンテンツを掲載したページに飛ぶようにしたのです。

また「メンタルヘルス」と検索をした人には「広告を見せない」という配慮も行なっているようです。疲れている人たちに余計なプロモートをしないという、ピンタレストなりの「優しさ」なのかもしれません。


そのほかのブランドもさまざまな施策をしています。例えば、英国&スペイン発のMiista《ミスタ》というシューズをメインにしているアパレルブランドをご存じでしょうか[※8]。

このブランドはロックダウンの期間、インスタグラム上で、ドラァグクイーンのジョージ・ビーさん[※9]を起用して、彼女がバスタブに浸かりながら、ダラダラと喋っているだけのライブストリーミングをやっていました。

特に内容はないのですが、それでも見ている人には、「**なんとなく、ここにいていいんだという安心感**」が伝わるようになっています。

H&Mが買収した若者向けのアパレルブランドMonkisphere《モンキースフィア》は、自社のウェブの中に、サイト内のみで交流できるSNSコミュニティをつくっています。サイトのグループチャットでは、メンバーが他のユーザーからのショッピングに関する質問に答えたり、オリジナルで制作した服のムードボードを共有したりしています。外部にシェアされない安心感から、ユーザーはMonkisphereの服を着た自撮り写真もあげやすいようです[※10]。

穏やかなコミュニティを上手につくっているブランドとしては、Blume《ブルーメ》が挙げられます。Blumeは、思春期の女性向けの生理用品やボディケア商品などを販売しているD2Cのコミュニティ・コマースブランドです。

ブランドの立ち位置は、「Sisterly」としているのですが、これは、**「親や友人には聞きづらいこと」も、Blumeは「優しい姉」としてそれを聞きますよというコミュニティ戦略**なんですね。

だから、運営も非常に丁寧なコミュニケーションを心がけています。

思春期に差し掛かり、体や心のバランスが変わる時に、いろいろ不安になると思うのですが、親や友達に相談しづらいし、ネットだと正しい情報が得られるとは限らない中で、Blumeでは安心して相談ができるようにしています[※11]。

メディアに関係する領域でも、デジタルキャンプファイアの事例はたくさん出てきています。例えば、Google Chromeのアドオン機能として、ネットフリックスを友人と一緒に見るツールをTelepartyという会社が提供しています。

そのツールを活用して、友人と同時にネットフリックスを視聴する過ごし方が流行しているのです。たしかに、リアリティショーは、「ツッコミ待ち」なところがあるので、ネタはみんなで消費した方が楽しいですよね[※12]。

日本のサブカルが、世界中の人を癒している

このような流れを見ていると、今さらですが、日本のニコニコ動画は、ものすごく先駆的なことをやっていたのだなと思います。ひとりで孤独にニコニコ動画を見ていても、コメントがわーっと流れてくる、というUXは画期的です。ひとりで見ているのに、全然寂しくないのです。

ちなみに、日本の孤独な人たちに寄り添うサブカルチャーは、世界最先端ではないかと思うんです。ニコニコ動画はもちろん、ひとり焼肉、一蘭のようなラーメン店、ひとりカラオケ、『孤独のグルメ』、『NHKにようこそ!』、おっさんレンタルなど、孤独を癒すものや、孤独でも入れるお店に関する洞察やサービス、コンテンツのクオリティは、世界最高峰なのではないでしょうか。

最近、『世界のひきこもり』という、世界中のひきこもりの人たちにインタビューをして

いる興味深い本を見つけました［※13］。

この本でインタビューを受けている人たちの多くが、**日本の『NHKにようこそ！』という、ひきこもりの主人公が出てくる作品から、大きく影響を受けたと答えていて、非常に驚きました。** まさか、日本のコンテンツがそんな影響力を持っていたのか、と。

そしてまた同時に、ひきこもりをしている人たちも本当に考え方が多様だし、苦しんでいることや信念も違うということを知りました。

やはり、人って一括りにはできないのですね。ブランドは、経済行為を超えて、このような人々の「居場所」になれるのか、問われているように思います。

Domestic Cozy

家の中でほっこりする時間が求められている

ちょうど、ひきこもりの話をしましたが、コロナ禍の今、世界中の人が一時的とはいえ「ひきこもり」を体験しているとも言えます。**そもそも「外」に出ると疲れることやストレスも多いので、自宅にこもって穏やかに過ごしたいと考える人たちも増えています。**

ヴェンタケッシュ・ラオ氏という、コーネル大学やゼロックスでの研究者を経て、現在コンサルティング会社を経営しているデザイン思想家がいます。

この人は、とても鋭い視点を持っており、現代のデザインの潮流や生活者のインサイトを切り取る名人です。マーケターであれば、ぜひ彼の運営しているコンサルティング会社のブログ「Ribbonfarm」を読んでもらいたいと思います（https://www.ribbonfarm.com/）。

彼は、コロナの中で基本はネガティブなことが多いけれども、視点を変えてみれば、これまでずっと生き急いで働き続けてきた私たちが、今家の中にこもって、ユーチューブを見たり、料理に時間をかけたりすることで「ちょっとホッとできる時間」を再発見することができたのならば、それはいいことだと言っています。

ラオ氏は、これを「Domestic Cozy」という言葉で表しています。「Domestic Cozy」は、友人や家族とのコミュニティに感じる温かさやアットホームさを重視したコンセプトという意味合いで使われます。まさに**多くの人がコロナになって生活を見直し、「家の中でのんびりすごす」価値を再発見することができた**わけですね。

彼はコロナ以降、Ｄ２Ｃのデザインのトーン&マナーも大きく変わったことを指摘しています。もともとＤ２Ｃのブランドサイトの世界観は、Red Antler《レッドアントラー》という、Ｄ２Ｃの戦略からデザインまで行う、優れたクリエイティブ・プロダクションがつくり上げてきた歴史があります。

パステルカラーに、セリフのフォントというい わゆるよくある「Ｄ２Ｃっぽさ」は、ほとんどRed Antlerがつくったんですね。Casper, allbirds, ThredUp《スレッドアップ》など、Ｄ２Ｃの覇者はすべてRed Antlerが手がけています[※14]。

ただし、コロナ禍以降、そのデザインの潮流が確かに変わってきているのです。

例えば、Pattern《パターン》というキッチンウェアのＤ２Ｃで紹介されている写真は、まるで使い捨てカメラでパッと撮ったようなリアルなカップルの写真なんかが使われているわけですね[※15]。

正直にいって、Patternのデザインは、ちょっとダサい。これがまたリアルで、生活感を感じるわけです。でも、これこそが「Domestic Cozy」のインサイトなんだと彼は語ります。結構、説得力ありますよね。

ファッションの新しいトレンド。ゴープコア、コテージコア

ちなみに、「家の中の居心地の良さ」を追求する傾向としては、ファッショントレンドでも、少し面白い動きが出てきています。

かつて、流行したファッションのトレンドで、スティーブ・ジョブズのスタイルに代表されるノームコアという言葉がありましたよね。人間は、結局見た目よりも「中身」が大事なので、ファッションは自分を大きく見せるのではなく、なるべく着心地がいいシンプルなものを極めるべし、というような考え方がノームコアです。

その後、新しく出てきたスタイルが「ゴープコア」です。これはZ世代の子たちに人気のある、山登りやキャンプなど、アウトドアのアクティビティの流行から名づけられたファッションのトレンドです。

ここにおいては、「防寒性が高い」とか「動きやすい」という、ハイパフォーマンス性が重視されているのが特徴です[※16]。

ザ・ノース・フェイスのデザインが、とてもオシャレになり、街中でもよく見かけるようになりました。最近では、グッチとコラボレーションするなど、今もこのアウトドア

ブームは続いています[※17]。

日本でも、グランピングやテントサウナなど、この「ゴープコア」的なものは、とても人気ですよね。ワークマンのヒットもこの文脈で理解できるでしょう。もしかすると、どこかのブランドが、そろそろイケてるサウナハットをつくったり、オーガニックな材料などを使ったクラフト「オロポ」を、開発したりするのではないでしょうか（笑）。

そして、**コロナ以降、新しく出てきた潮流が「コテージコア」スタイルです。**

コロナをきっかけに都会を離れ、地方に移住した人も多いと思うのですが、都会を離れ、ほっこりとした自然の中でのんびり暮らすファッション・スタイルが流行っているのです。フォークやカントリー調の音楽を聞きながら、庭いじりをしたり、ゆったり本を読んだりするイメージです。

どちらかと言えば、現代の「晴耕雨読」とでも言いましょうか。まさに、**穏やかな生活を求める人たちが増えているのです。**実際、アメリカのビッグアーティスト、テイラー・スウィフトや、ビリー・アイリッシュの曲調も一気にコテージコアのような雰囲気に変わりましたよね[※18]。

また、ヒットしている商品も、室内で穏やかに時間を過ごせるものが増えてきています。例えば、レゴは大人向け製品としてリアルな花束などをつくれる「ボタニカルコレクション」を出しており、ヒット作になっています[※19]。

パズルゲームやカードゲームも、史上最高益を達成したというデータもあります[※20]。

また、ネットフリックスの「クイーンズ・ギャンビット」というドラマの成功があり（とてもいいドラマでしたね）、ゲームの実況中継でおなじみTwitch上では、チェスゲームのプレイ動画中継の人気が爆上がりしていたそうです。なんと、チェス関連の動画コンテンツが半年で4000万リーチもしたそうです[※21]。

ノスタルジーが孤独を和らげる

また、ノスタルジックなコンテンツも、現在とても人気です。**懐かしいものに触れると、人は、過去の友人や家族の思い出を想起して、孤独感が少し和らぐといわれています。**

サウスハンプトン大学のソーシャル＆パーソナリティ心理学の教授である、ティム・ワイルドシャット氏の言葉を引用してみましょう。

「懐かしさというのは、とても社会的な感情です。人が何に対してノスタルジーを感じるのかといえば、多くの場合、人間関係なんです。物理的に、目の前に友人が存在しなくても、ノスタルジーを感じれば、特別な人との近さを手に入れることができます。懐かしさを感じると、一瞬、その人が自分のそばにいるような気がして、寂しさが和らぐのです。」

（Miranda Levy「The psychology of nostalgia: why we're looking back to look forward through lockdown.」The Telegraph、2020年5月20日 [https://www.telegraph.co.uk/health-fitness/mind/psychologynostalgia-looking-back-look-forward-lockdown/〉)

実際、poolsuite.FMという、80年代にプールサイドでよくかかっていたヒット曲だけを流すインターネットラジオがありますが、登場して間もなく100万ダウンロードを達成したようです[※22]。

また、往年の人気番組のスタートレックも、「同窓会」のようなことをやり話題になりました。90年代のシリーズに出演していた、当時のアレクサンダー・シディグなどの俳優を集めて、ズームでイベントを行ったところ、往年のファンたちが大集合して、昔話に花を咲かせたという、心温まるイベントもありました[※23]。

傷つくリアルよりも、安心できるオンラインへ

自宅にいながらにして安心して診療を受けられるサービスで、私が、興味深いと思っているのはリモートの遠隔診断をしているAyana Therapy《アヤナセラピー》です[※24]。

これはLGBTQ+のコミュニティの人たちや、あまり英語が得意ではない移民の人たちが、安心して使えるように設計された遠隔医療のサービスです。

具体的には、LGBTQ+の当事者のお医者さんや、さまざまな言語を扱えるお医者さんが対応してくれるようになっています。

これは、LGBTQ+や移民の人が、既存の病院にいった時に、そこで心ないことを言

われたり、自分の症状を（英語が喋れなくて）正確に伝えられず、傷つくことがないようにと考えられた遠隔診療サービスです。**自分のことをわかってくれて、傷つけてこない医師をオンライン上で選べる仕組みになっているのです。**

そして、この動きは教育の世界でも起こっています。コロナ前からアメリカやオーストラリアなどでは、地元の公立学校に子どもを通わせることを不安視する親が、積極的にホームスクーリングを取り入れてきましたが、コロナを期に、さらにホームスクーリングを採用する家庭が増えたといわれています。

実際、２０２０年の調査では、オーストラリアでは71％の家庭がホームスクーリングを肯定的にとらえており（McCrindle, 2020[※25]）、米国ではこれまでホームスクーリングをしていなかった親の９％が、来年度の少なくとも一部の期間はホームスクーリングを行う予定だと答えているのです（EdWeek, 2020）[※26]。

そのような中で、ＳＴＥＡＭ教育[※27]のような高度な教育を実践するための、サブスクリプション教育サービスも充実してきています。ＳＴＥＡＭ教育とは、科学・技術・工学・芸術・数学の５つの分野を横断的な学ぶ教育手法です。

例えば、ロンドンを拠点とするMEL《メル》 Science《サイエンス》社は、２０２０年の12月に１４００万ドルの資金調達を成功させ、ＳＴＥＡＭ教育に特化したサブスクリプションボックスを展開しています[※28]。

サービスとしては、科学実験の体験セットが毎月届くのですが、子どもにも内容を理解しやすいように動画でも知識の補足をしてくれる仕組みです。

また、このような動きは「英語圏」のみならず、アメリカに住むラテン系の子どもたち向けに、スペイン語でつくられた教材を届けるサービスも生まれてきています。

カリフォルニアのEd-tech企業であるEncantos社は、『Fast Company』誌の「2021年の最も革新的な教育企業」のひとつに選ばれているのですが、同社はCanticosと呼ばれる教育サービスを通じて、英語とスペイン語のバイリンガルの書籍、学習アプリ、ゲーム、ビデオを未就学児向けに提供しています[※29]。

これまでは医療や教育も、地元の決められた場所にしか選択肢がありませんでした。

しかし、選択肢があまりない中で、理不尽に傷つけられるくらいならば、**自分の個性やレベルにぴったり合って、安心できるオンラインの「居場所」を選択する**時代になっていくのかもしれません。

メタバース／マルチバース

ゲーム空間は、新たな社会になれるか

人々が安心して過ごせる「居場所」の重要性について話をしましたが、これからの「オンラインの居場所」として無視できないのは、メタバース／マルチバースでしょう。メタバース／マルチバースとは、VRやARを用いて、より現実世界に近づけたデジタル仮想空間を指します。

こうした**新しいバーチャル空間も「若者の居場所」になってきているのです。**代表的な例は、Fortnite《フォートナイト》、Roblox《ロブロックス》、Minecraft《マインクラフト》、あつまれ どうぶつの森などですね。

その中でも最大の規模を誇るのが、Fortniteです。

現在、Fortniteを運営しているEpicが、アップルとアプリ内課金の「利権」をめぐって熾烈な争いをしていることでも話題になりました。

そうした争いから窺えるように、EpicがGAFAMの次のプラットフォーマーとしての覇権を握る可能性が見えてきています［※30］。

ライブ、アイドル、ハイブランド

Fortniteと言えば、DJマシュメロや、トラヴィス・スコット、米津玄師などのアーティストがライブを行い、話題になりました[※31]。

最近では、アリアナ・グランデのライブも話題になりましたね。

また、RobloxではリルナズＸのライブもありました。**今、盛んに音楽業界のスーパースターたちがFortniteやRobloxなどのメタバースに集まってきているんです。**これが何を指すかといえば、Fortnite自身は、もはや、ゲーム会社を超えた存在になろうと企んでいるということです[※32]。

ちなみに、私がメタバース時代の「アイドル」として注目しているのは、韓国のSMエンタテインメントから2020年にデビューしたaespa《エスパ》です。

aespaのメンバーは4人いるのですが、それぞれにアバターを持っていて、仮想世界とリンクしています。リアルのメンバーとアバターのメンバーと、どちらも活動するというアイドルで、完全にメタバース時代を意識したアイドルなんですね。[※33]

ウィキペディアによれば「この独創的なコンセプトの元、メンバーには仮想世界『FLAT《フラット》』において、インターネット上の自分を象《つかさど》った『もう一人の自分』であるアバター『æ《アイ》』が存在している。メンバーとæは『SYNK《シンク》』を通じてお互いをリンクすることができる他、『P.O.S』と呼ばれるシンクホールに通うことで、現実世界と仮想世界を行き来する『REKALL《リコール》』を行うことができる」とあります[※34]。

このアイドルが賢いなと思うのは、aespaのレーベルは、アイドル本人たちの稼働と、バーチャル空間の稼働を分けることができるので、活動量を増やすことができるし、例えば、SNSなどの運用は、「バーチャルチーム」が一部担うことにより、稼働を調整することで、アイドル自身のメンタルヘルスのケアなどもしやすくなると思うのです[※35]。

また、**ハイブランドも積極的にメタバースを活用し始めています。**

例えば、韓国の企業のZepeto《ゼペット》には、グッチやラルフローレンが、ミニゲームの中にブランド空間を設置しています[※36]。

中国では、なんとファッション・ゲームの「ADA」が登場するといわれております。[※37]メタバース内で、アバターにさまざまなスタイリングをさせることで、「ユーザー同士、ファッションを見せ合う」ゲームです。ゲームの中で自分のアバターにハイブランドの服を着せて着飾ります。

このゲームは、もともと韓国でソーシャルゲームをヒットさせた、アンディ・クー氏の構想なのだそうです。[※38]

私は、こうした動きからも、Fortniteなどのメタバース内で、企業向けのアカウントや

APIが早晩開放されるようになるのではないかと予想しています（広告モデルにならないといいですが）。

いずれにしても、新しい「社会」がそこに生まれつつあるのだと思います。もちろん、当然さまざまな問題も発生するでしょうが、これからどのような社会になるか注目です。

メタバースには、インクルーシブな社会を実現してほしい

個人的には、これからのメタバースは、インクルージョンの可能性をもっと追求してくれるといいなと思っています。

ジェンダーや年齢、人種に関係なく、ゲームの中では自分のありたい姿を自由に表現でき、そのアイデンティティを誰からも傷つけられない場所。

eスポーツの大会では、フィジカルな競技と違って、障害がある人も、高齢者も、男女も関係なく、下手したらAIも交えて、ガチな競技をすることも可能になるでしょう。

メタバースには、こうしたインクルージョンを実現する可能性があります。

その萌芽となりそうな1つの事例を紹介します。毎年LGBTI+コミュニティと権利を祝うイベントに「グローバルプライド」があります。

グローバルプライドは、2020年はコロナの影響でリアル空間での実施が難しくなり、かわりに任天堂のどうぶつの森の中で実施したことが、大きな話題となりました。同団体

は、アバターなどのデザインが得意なクリエイティブ・プロダクションであるWe Are Social SingaporeとパートナーシップをGーム内に独自の島の世界をつくり、LGBTI＋コミュニティの人々が、オンラインで安全に交流できるようにしたことで、大きな話題となりました［※39］。

また現在、Epicなどのプレイヤーが、どんな技術領域に投資をしているのかも調べると興味深いです。例えばEpicは、Hyprsenseというウェブカメラなどでユーザーの顔をモニタリングして、リアルタイムにユーザーの3Dの表情を解析し、アバターの顔にユーザーの喜怒哀楽の表情を反映する技術を持っている会社を最近買収しています［※40、41］。Epicは、将来的にこの買収を通して、ユーザーのアバターに「表情」を持たせようとしていることが窺えます。メタバースの世界で「社会」をつくろうとした場合、必要になるのは、人々の感情と共感です。

アダム・スミスの道徳感情論ではないですけど、**社会の基盤には人々の感情と強い共感（Empathy）が必要です。**今後、「顔（感情）が見えるアバター」をバーチャル空間に導入していくことで、新しい「社会」の可能性が拓けるのかもしれません。

カルチャー

企業と顧客の新たな関わり方とは？

現在、支持されているブランドの秘密を探っていくと、未来への約束を守ることに加えて、文化活動を活性化することも重要だということがわかってきました。

企業が生き生きとしたコミュニティを立ち上げ、活気のあるいい雰囲気（vibes）をつくるためには、「カルチャー」が重要な要素になるのです。

先ほど、ルルレモンのイベント「Sweat Life」に参加した話をしましたね。

ルルレモンは、スポーツウェアを機能として提供しているわけではなくて、ヨガというカルチャーに貢献してきたからこそ、人々と継続的な関係性を保てているのです。

もし、ウェアだけを売っていたら、あそこまでの巨大なブランドにはならなかったでしょう。

だからこそ、ルルレモンはカルチャーの成り立ちや歴史、それに関わっている人たちの考えに対して謙虚でなければなりません。特に文化盗用は、絶対に許されないわけです。

企業がカルチャーに対して、中途半端な理解でトンチンカンなことをすれば、批判されるリスクもありますが、誠意を持って関わればメリットも大きいと思います。

カルチャーを介した顧客とのコミュニケーションは、経済の論理や損得勘定を超えた「人と人」「人とブランド」のつながりを生み出すからです。

カルチャーを媒介することで、初めてコミュニティが生き生きとしてきます。単純に、消費だけで構成された空間がつまらないように、カルチャーがない場所には人が寄りつきません。

カルチャーに人が集まる

企業もユニークな企業文化がある会社に人が集まりますよね。コンピュータの歴史を考えてみてもそうです。スティーブ・ジョブズの「Stay hungry, Stay foolish」の元ネタで、有名な『Whole Earth Catalogue』という雑誌の編集者にスチュアート・ブランドという人がいます。彼らは、元々はヒッピーな人たちですよね。

元はアメリカの東海岸の「保守的な」人々が開発していた中央集権型の大型コンピュータに対して、まさに「カウンター」となったパーソナルコンピューターは、カウンターカルチャーの中心地の西海岸のヒッピーたちがつくったという話は広く知られています。

今、世界でもドイツのベルリンや米国のオースティンなどの街に、多くのスタートアップが集結しているのは、クラブや、ライブハウス、周辺のバー、さまざまなクリエイティブコミュニティなど、街に魅力的なカルチャーがあるからに、ほかなりません。エンジニアだって、仕事が終われば、楽しい街に住みたいわけです。

ベルリンと言えば、2003年に、クラウス・ヴォーヴェライト市長（当時）が「ベルリンは、貧乏だが、セクシーだ」と発言をしたことで、話題になりました。

実際、クラブカルチャーなど若者を惹きつける文化を持っていますが、私も視察した際に、行政も戦略的にクラブカルチャーの持つ「文化的魅力」を通して、都市の魅力を発信しようとしていたことを知りました。

ベルリンには「ベルリン・クラブ・コミッション」というナイトカルチャーの関係者で構成されたコミッションがあり、ベルリンの行政と息の長い対話を通して、都市の魅力としてクラブカルチャーを押し出してきた歴史があるのです（そもそも、ベルリンの行政官には若い頃にクラブ遊びをしていた人が多いというのもあり、風通しがよさそうでした）。

そうした地道な積み上げがあったからこそ、今のベルリンには、面白いスタートアップが集まってきているわけですね。いきなり誘致しようと思っても、人はこないのです[※42]。

カルチャーは人々が集まる強い動機をもたらしますし、人々の気持ちを捉えるものです。企業もカルチャーに対して、謙虚にサポートする姿勢を取ることができれば、ユーザーとvibesを共有できるわけです。カルチャーサイドの人々と信頼を結ぶには、時間もかかりますし、難しいこともあるのですが、**今後の企業のブランド活動を考える上で、カルチャーはとても大事な戦略になるでしょう。**

ところで、カルチャーといえば今トルコが「ゲーム業界のシリコンバレー」と呼ばれていることを知っていますか？

今トルコでは、オンラインゲーム会社の成長が著しく、いくつかのユニコーン企業も生まれているそうです。このように盛り上がっている理由は、優秀な若者が出てきたり、資金調達をする仕組みが整ったからだけではなく、トルコには昔からバックギャモンやベジーク、ドミノなどのゲームを市民が楽しんできたという「文化の土壌」があったからだといわれています。

「遊び」をよくわかっている人々が多いからこそ、産業が発達し、それがデジタルのプラットフォームを通じて世界へと伝播していく。

プラットフォームが文化をつくっているのではなく、文化がプラットフォーム（というビジネス）に乗ったということが大きいのです[※43]。

今、日本でも、渋谷の東急文化村付近の再開発が進んでいます。よくよくニュースを調べてみると、東急は、LVMHグループの不動産投資開発会社のLキャタルトン・リアルエステートとパートナーシップを組んで「文化村」を再開発するようです[※44]。

まさに「文化村」というネーミングが絶妙ですが、渋谷に暮らしている一市民としては、蓋を開けてみたら、「資本村」に変わらないといいのだけど、と思っています。

ファンを、囲い込もうとする企業のファンになりたいですか？

日本では、ブランドを中心にした「ファンマーケティング」とか「ファンベース」という言葉が、マーケターの間でよく使われます。

ただ、本当のところ私は、嗜好品や自動車、アパレルなどならともかく、一般的な企業そのものや日用品のファンになるのは難しいのではないかと思っています。トイレットペーパーのファンとか、洗剤のファンとか、バナナのファンとか、正直ちょっと厳しいですよね。

よくマーケターの中で、「ファンを囲い込む施策」を安易に提案する人がいますが、個人的にはそんな「囲いこもうとする企業」のファンにはなりたくないよなぁと思うんです。企業側は、必死で囲い込みたいのかもしれませんが、消費者側からは「そんなにファンになれと言われてもな……」というのが実情だと思うんです。

ただ、製品とユーザーをダイレクトにつないで「ファン」をつくろうとするのは難しいけれど、**ユーザーとカルチャーとブランドの3点が交わる接点を見つけられれば、ファンは増やせるのではないかと私は考えています。**

ブランドは、誰も見にこない謎のオウンドメディアをつくるよりも、コンテクストは考えた上で、スポーツやエンターテインメント、趣味の領域に「カルチャー投資」をする方がいい。

例えば、私はマルタイラーメンが結構好きなんですけど、イチ消費者として、マルタイラーメンのコミュニティとかに入りたいとは全く思わないんですね。マルタイラーメンのオウンドメディアだって見たことはありません。

でも、いろいろ調べていくと、マルタイラーメンは、調理が簡単ということで、登山をしている人たちにすこぶる評判がいいのだそうです。たしかに、山の上で食べたら美味しそうです。であれば、マルタイラーメンは、登山をする人たちのコミュニティやメディアに投資してみたりする「カルチャー戦略」を考えればいいわけです。

マルタイラーメンとお客さんが2者で向き合うのではなく、そこに「登山」というカルチャーやアクティビティがあって、初めて「売り込まれても嫌じゃない」となるわけですし、「マルタイいいじゃん」と思うわけです。

カルチャーを介して、顧客に何ができるかを考える

つまり、企業もカルチャーを通して、今までとは違うかたちで、ファンと関われる可能性があるのです。例えば、トイレットペーパーの会社であれば、森林保全活動と合わせて、

サステナビリティを学べるキャンプ場を運営することも考えられます。するると、親子で僻地のキャンプ場に綺麗なトイレがある「ありがたさ」もわかるかもしれません。

これはあくまで一例ですが、トイレットペーパーそのものに関与してもらうのは難しくとも、カルチャーを介してつながることを考えれば、自然と文脈もできるはずです。**企業もカルチャーを媒介とすることで、初めて共感されるわけです。つまり「企業→顧客」ではなくて、「企業→カルチャー→ファン」ということです。**

ただ、広告を見せつけられたり、謎のポイントを発行されたりするのではなくて、自分たちの好きなカルチャー活動を企業がサポートしてくれるのであれば、ユーザーも嬉しいと思うはずです。

実際、レッドブルのマーケティングは、エクストリームスポーツや音楽のクラブイベントの開催に積極的なことで有名です。

あるレポートによれば、彼らはカルチャーを通して、**孤独を感じている若い人たちが会話をする機会をどれだけ持ってくれるか**、という点をＫＰＩにしているそうです。認知獲得よりも、カルチャーを通して人々がつながる機会をブランドのモーメントにおくという戦略です。

イベントの会場で誰かと喋った体験をレッドブルが支えているのであれば、嫌われるマーケティングにはならないはずですよね。古典的ではありますが、これからのマーケティングは、音楽やスポーツイベントへの協賛がとても大事になると考えています。

ビジネスとカルチャーの微妙な関係

ただ、先述のルルレモンが文化搾取で問題になったように、カルチャーとビジネスは水と油です。場合によっては反発し合ってしまう、とても繊細な関係なのです。

最近の例では、アーティストのカニエ・ウェスト（改名して、「Ye」さんになってしまいましたが！）がアディダスと揉める事案がありました。彼は、アディダス傘下でYEEZY《イージー》というブランドをプロデュースしてきたわけですが、アディダスの経営幹部に多様性がないことを理由に、自分が取締役になるまで、ナイキを身につけると公言してしまっています。

アディダスのブランドをつくっている張本人が、ナイキを応援すること自体、まさにトリックスターのカニエ的ですが、マーケターとしては、深く考えさせられる事例です［※45］。

シュプリームも、かつてスケートボーダーコミュニティの人たちとの間で軋轢がありました。２０１７年の秋冬のコレクションで、シュプリームは高級ブランドのルイ・ヴィトンとコラボをした商品を発表したのですが、それに対して「ストリートカルチャーに対するハイブランドによる文化搾取だ」と批判が集中し、波紋を呼んだのです。

たしかに、これまでスケートボードなんて全く興味のなかったハイブランドが、ストリートにズカズカとやってきたとしたら、スケートボードを楽しんでいる人たちからすると、違和感が大きいのは納得できます。

だからシュプリームというブランドに対して、スケートボーダーたちから「そういうことしていいんだっけ？　今まで一緒にやってきたのにさ」とブランドとしての立ち位置が問われたわけです[※46]。

ただ、一方で、シュプリームのようなビジネス側のプレーヤーが、スケートボード文化を底支えしてきた側面も一部あるんですね。

常にビジネスとカルチャーは、緊張関係と協力関係の間で揺れているわけです。

だからこそ、スケートボーダーのコミュニティのことをわからないマーケターが、話題性を目的に、安易に行動してしまうと最悪です。カルチャー側も下手にやってしまうと、みんなから「あいつは大金に目が眩んで『セルアウトしたな』」とバカにされるのです[※47]。

カルチャーへのリスペクトやリサーチを忘れてはいけない

スケボーに関して、面白い事例がもうひとつあります。

ロンドンにSelfridges《セルフリッジズ》という、ハイブランドを多く取り扱っている老舗の百貨店があります。最近は、ハイブランドもストリートカルチャーのトレンドを取り入れたカジュアルなラインを出していることもあり、Selfridgesにとっても、客層を若返らせて、なるべく「若いイケている子たち」に来店してもらうことが最重要課題になってきています。

新スタイルのブランドを扱う百貨店として「若者を惹きつける何か」が必要になってくると考えたSelfridgesは、**思い切りのいいことに、百貨店のフロアの一角に、なんとスケートボード場をつくってしまったん**ですね[※48]。

日本だと、あまり想像できないですけど、高級デパートの売り場にスケートボード場が併設されているわけです。

しかし、当初は批判もかなりあったようです。シュプリームの話と同じで「大資本がストリートカルチャーを搾取しているのではないか」という声が上がったのです。「スケボーはマーケティングの手段ではない」という意見もあったそうです。

そこで、**Selfridgesは「女性のスケートボーダーも安心して練習できる場所にする」という約束を、スケートボーダーたちとすることで、計画の実施にこぎつけました。**

たしかに、女性のスケートボーダーも増えている中、ストリートで練習していると怖い目に遭うリスクもありますよね。

練習場が百貨店の中であれば、安全に練習できるので、結果的に「文化に貢献するのではないか」という視点で両者は折り合いをつけたのです。

これは、百貨店側の人と、スケートボーダーの当事者との直接の対話によって実現できた、いい施策だと思います。

これを、ただ乱暴に「若者の文化を取り入れてマーケティングしよう」という発想だけで、強引に実施したとしても、うまくはいかなかったでしょう。

ここは、本当に力関係が難しいところですが、**ビジネス側の論理でカルチャーを〝支配〟したり、〝買収〟しているように見えたら、そのブランドは終わりです。**大きな反発を受けます。公園や海岸のネーミングライツをめぐってしばしば起こる軋轢《あつれき》も同じ話です。

これからのブランドエンゲージメントを企むマーケターは、ビジネス視点だけでなく、自分たちが扱っているブランドが、どのようなカルチャーと接点を持っているのか、そして、そこに何が貢献できるかを考えることが必要になりますね。

最近は「インフルエンサーとコラボ」という言葉が使われがちですが、インフルエンサーこそ、カルチャーサイドに根ざした人が多いわけです。

そのインフルエンサーの背景まで、しっかりとリスペクトして理解していなければ、おそらくとってつけたような、つまらない施策になるだろうし、インフルエンサー本人にとってもリスクになります。

私はカルチャーへの理解やリサーチこそが、これから非常に重要になると考えています。

エンタープライゼーション・オブ・ザ・コンシューマー

自分で自分のブランドをつくる

さて、カルチャーとの関わりの中で、安易に、カルチャーサイドにいるインフルエンサーとタイアップする危険性について、先ほどお話ししましたけど、今は企業側からインフルエンサーに声をかけたとしても、インフルエンサーに警戒され、場合によっては、断られる時代になりつつあります。

実は、**インフルエンサーマーケティングは、下手をすると、誰も得をしない構造になることが明らかになってきている**んですよね。

あるインフルエンサーが、どこかの会社のPR案件を受けた場合、ファンからすれば「あのインフルエンサーのことは信じていたのに、お金を優先し始めたな」と思われます。

そして、インフルエンサー本人にしてみれば、「ファンあってこその、今の自分の立場なのに、ファンが離れてしまうようなことをやってしまった」と感じるし、企業としてもファンから「好きなインフルエンサーを買収しようとしている企業」と思われて、結局嫌われてしまう。特に、ステマが発覚した時のリスクはかなり大きいです。

ユーチューバーのてんちむさんが、ナイトブラで胸が大きくなると言っていたけど、実は豊胸手術をしていたことが発覚して大炎上しました。

これ、結局当人も、ファンも、企業も、誰も得してないですよね。

この問題で大きな借金を抱えたてんちむさんも、きっと恐らく大変な思いをされただろうと思います……[※49]。

もちろん、マス広告も同様ですが、マス広告は、まだコンテンツの枠と広告枠が明確に分けられているので、CMはCMのルールを守って堂々とやればいい側面もあります。

しかし、「タイアップ」とか「記事稿」は限りなく危ういリスクをはらんでいます。

このようなマーケティングは結局、誰の得にもならないのです。

そのことを、インフルエンサー自身も理解し始めており、企業案件を受けず、自らのブランドを立ち上げるケースが増えてきました。

シリコンバレーのトレンド「エンタープライゼーション・オブ・ザ・コンシューマー」

エンタープライゼーション・オブ・ザ・コンシューマーという言葉を聞いたことはありますか？　これはアンドリーセン・ホロウィッツという、個性的なベンチャーキャピタル

（VC）のパートナーの人が使い始めた概念です。

アンドリーセン・ホロウィッツは、VCの中でもどっぷりとカルチャーの影響を受けているところがユニークで、ヒップホップの世界のレジェンドの2PACを尊敬していて、「Rap《ラップ》 Genius《ジーニアス》」に投資をしていたり［※50］、日本の武士道の歴史をゴリゴリに研究したりして、その知見を投資戦略に生かしているという一風変わったVCです。

さて、そのVCによって命名されたエンタープライゼーション・オブ・ザ・コンシューマーという投資テーマが、数年前からシリコンバレーのトレンドワードなっているんですね。

意味としては、**「コンシューマー（消費者）を起業家にする」**ということです。

例えば、インスタグラムやユーチューブでだんだん人気になった人たちが、自分たちのブランドを立ち上げ、商品をつくって販売する動きがあちこちで出てきました。広告案件を受けるよりも、そっちの方がよっぽどいいと考え始めたのです。

これは、たしかに自然な流れです。

インフルエンサーの立場からしてみれば、企業とタイアップして、動画をつくったり、投稿したりして、プロモーション費用をその都度もらうよりも、自分たちのブランドを大事につくり、育てた方が事業的にも安定します。

自分でブランドをコントロールできるので、事業としてもやりがいもあるし、こだわって商品をつくることもできる。

ファンから見ても、アーティストが自腹を切って開発に投資して、100%納得したものを販売している、という見え方になるので、その商品を推せます。

下手に「PR案件」を受注するよりも、人気に自信があるなら、「自分でブランドをつくっちゃえ」という流れがあるのです。

日本のユーチューバーもアパレルやコスメをつくって「収益化」する流れですよね。ユーチューブに貼られる広告収入よりも、マーチャンダイジングの売上の方がいいのであれば、無理に広告案件を受けたり、バズ狙いをしなくていいわけです。

例えば、「エモいコメディアニメ」を配信しているマリマリマリーさんのユーチューブのチャネルも、最近物販を始めたのですが、このTシャツが、全然手に入らないんです(2021年10月現在)[※51]。

こうなると、私もなぜか欲しくてたまらなくなってくるわけです(笑)。

新しいエコシステムが生まれている

インフルエンサーが「自分のブランド」を持ち始めると、**今度はインフルエンサー向け**

に、OEMでプロダクトの製造を請け負う企業も登場してきます。ブランドを立ち上げる際、高いハードルになる「製造」を全部請け負ってくれるわけです。

そのエコシステムのことを「エンタープライゼーション・オブ・コンシューマー」と呼ぶのです。

このカテゴリで代表的なのは、Cala《カーラ》というアパレルの製造を行っている会社です［※52］。Calaは、月に500ドルほど払うと利用できる「アパレル製造」のプラットフォームです。ユーザーはウェブブラウザ上で、本格的なフーディやパンツ、バッグなどを好みの色や形につくることができます。

ここは、ユーザーがブラウザ上でデザインしたアイデアを、提携している中国の深センや、ニューヨークなどにある世界中の工場に展開し、製造や流通まで行います。

インフルエンサーは、自分でデザインをした後、インスタなどで「私のつくったアパレルです！　みんな買ってね！　#love　#thankyou　#感謝　#夕日」などと発信するだけで、ファンが買ってくれて、収益が得られるという仕組みです。

自分でアパレルブランドを立ち上げることのハードルが、今、ものすごく下がってきているのです。

Beautonomy《ビュートノミー》も、コスメのカラーパレットを自分でつくれる仕組みになっています［※53］。こちらも、Calaと同様に、ユーザーが自分で簡単にメイクのためのパレットをつくることができるので、インフルエンサーは、自分オリジナルのメイクのカラーパレットをつくって、フォロワーに販売することができます。収益はレベニューシェアモデルです。あるいは、ゲームの世界も「自分でつくるゲーム」を販売できるプラットフォームが登場しています。ソニーの「Dreams Universe」なんかはわかりやすい事例ですね［※54］。

従来、ブランドは、製造からブランディング、流通まで、すべてを行っていました。ユニクロやZARAなどのSPAは、「垂直統合」を実現し、規模の経済を働かせて巨大化してきた歴史があります。

現在は、改めて「水平分業」が進んでいるのだと言えます。IP（アイデアやデザイン）とディストリビューション（製造と流通）がきっぱり分かれてきている。インフルエンサーがアイデアを出し、デザインをして、プロモーションをする作業を担当し、CalaやBeautonomyは、きっちり指示通りにモノをつくって、流通網を持ってお客さんに手渡す。それぞれの仕事が分かれ始めているのです。

このエンタープライゼーション・オブ・ザ・コンシューマー領域のサービスが普及すると共に、多くの「小さな起業家」と「マイブランドを持つクリエイター」が続々と誕生しているのです。まさに、消費者の起業家化です。

今からアパレル事業をやろうと思っても、ユニクロほどの資本力や企画力、流通網がなければ全く儲からなそうですが、影響力のあるインフルエンサーと一緒に企画をして、プロモーションと製造とを分業できれば、ニッチで面白いことができるかもしれません。

この先も、**ブランド開発の分業化が進んでいくと私は見ています。**

そして、この分業化の流れは、既存のブランドにとって脅威になる可能性があります。小さいけれども、エッジの効いたインフルエンサーブランドが群雄割拠する時代になるからです。性能が重要な分野では、研究開発費を投下している大企業が有利かもしれませんが、アパレルなどの分野は、よっぽどエッジが立っているか、ハイブランドのようなストーリーテリングができないと、「選ばれる理由」をつくるのが難しくなるでしょう。

エフェメラルマーケティング

限定販売で、ネット上に行列をつくる

インフルエンサーが、自らのブランドをつくり始め、「小さな起業家」が生まれている現象についてお話ししました。ここで重要なのは、**今多くのZ世代の若者が、就職することよりも、自分で起業することに前向きであるという事実です。**

Z世代の人たちにとってみれば、企業の寿命が短くなってきている中で、自分が運よくどこかの会社に就職できたとしても、同じ会社で長く働くことはないだろうと思っています。であれば、雇われるよりも「自分で事業を持つ」ことを目指そうと考えるわけです。ここ10年で、起業のリスクもだいぶ下がりました。

前述したようにインスタグラムや、ショッピファイなどの安価に使えるECサービス、Depop《デポップ》やThredUp《スレッドアップ》、日本だとメルカリにあたる中古売買サービスが充実してきている中で、うまくやれば「自分でも稼げる」と考える若者が増えてきているのです。

つまり、ちょっとSNSで影響力があれば、簡単にマネタイズできるようになったのです。

「売る前提で買う」という新しい購入スタイル

ECサービス、中古売買サイトが広まったことで、消費にも変化が起きています。

私は、前にZ世代の友人に「最近、どんな感じで服を買っているの?」と聞いたことがあるのですが、「新しい服は買っているけど、あえてタグは切らないで着ている」という話を教えてもらいました。

もう、ピンと来た人はいると思うんですが、タグを切らない理由は「メルカリで売る前提で買う」からです。その人は買値と売値の「差額」を見極めながら、服を買うそうです。ちょっと高い服でも、売値がつくのであれば「買う」し、お手頃な服でも売値がつかないなら「買わない」と判断するわけです。もはや、**消費にも、資産運用の視点が入り込んでいるんですね。**

このような消費活動の変化を受けて、ユニークな事例も出てきました。

例えば、StockX《ストックエックス》というスニーカーの取引サイトです。StockXは、基本はスニーカーを売ったり、買ったりできるプラットフォームなのですが、アカウント画面は、まるで「証券口座」の管理画面のようになっているんですね[※55]。

管理画面では、自分の持っているスニーカーの資産価値が時系列で追えるようになっていて、日々価格が変動している様子がわかります。売買した実績やポートフォリオがまとまっていて、スニーカーが証券のように、資産運用の対象になっているんです。
まさに、株ですね。これがZ世代の間で爆発的な人気になり、ローンチからわずか3年で1100万人のユーザーを獲得、年間の成長率は200%もあるそうです。

さて、ブランドを買うことが、「資産運用」の視点に置き換わると、何が起きるのでしょうか。今度は、**オンラインで「誰でも買える」商品の価値が落ち、「なかなか手に入らないレアなもの」の価値が上がっていく**んですね。

ECのよいところは「いつでも、誰でも、どこからでも、同じ価格で」買えることだと思うんです。アマゾンが実現している世界がまさにそうですよね。

でも例えば、アパレルなどのブランドなどは、StockXのようなプラットフォームで売り買いをすることが前提になると、**「みんなが欲しがりそうで、なかなか手に入れられないもの」の価値が高まっていくわけです。**

このインサイトを上手に捉えて、成功しているサービスが、NTWRK《ネットワーク》というライブコマースのプラットフォームです。

NTWRKは、仕組みとしてはテレビのショップチャネルに近いです。ただ日本のショップチャネルとは、だいぶ番組の様子は違い、ストリートカルチャーの面白いところを取り入れたとてもスタイリッシュな番組を放送しています。

このライブコマースのプラットフォームが特にユニークなのは、水曜日だけ、リアルタイムでライブ配信をすると決めていることです。決まった放送日の、決められた時間内のみ、スニーカーなどの限定商品を販売しているんですね。つまり、既存のECと対照的に、いつでも買えない仕組みになっているのです［※56］。

NTWRKの番組は、基本は、各界の著名人と有名スニーカーブランドの限定コラボ商品を紹介する構成です。

例えば、ナイキとJeff Staple《ジェフ・ステイプル》のコラボスニーカーは、なんと10秒で2万足も売れてしまったそうです。ビッグネームのコラボ商品になると、もはや争奪戦です。「この時間にしか買えない」という限定感をつくることで、オンライン上に行列ができるのです。ちなみに、このJeff stapleコラボのナイキのスニーカーの値段をStockXで調べたら、684万5200円で売られていました（2021年10月17日現在）。

エフェメラル・マーケティング、ドロップカルチャー

このNTWRKがうまくいっている理由のひとつは、**「ここの企画は間違いない」と圧倒的な存在感を示しているところです。**

インターネットのおかげで、どこにでも情報が溢れるようになると、結局、どこにいい

ものがあるのか、なかなか探しづらくなってしまっていますが、ＮＴＷＲＫは、限定された時間に、限定された「間違いない」コラボグッズを発売することにより、ネットでここさえおさえておけば間違いない、と「注目」をつくることに成功しているんですね。

結果、転売されるのがいいか悪いかは別として、StockXにて高値で取引されていくわけです。

マーケティングの世界では、この手法をエフェメラル・マーケティング（儚く消えていくマーケティング）とか、ドロップカルチャーと呼びます。

エフェメラル・マーケティングは文字通り「今、ここでしか買えない」という限定感を出すことによって、ユーザーを惹きつける手法のことです。

一方、ドロップカルチャーは、１９８０年代からもともとハイブランドが限定品を出す時に使われてきた言葉です。２０１０年代に入り、シュプリームやBape《ペイプ》がさらに洗練させたと言われています。

また、音楽の世界でも曲をローンチする際に、最近は、ドロップという言い方をしますよね。従来であればＣＤがレコード屋に並ぶタイミングで、新曲発売のことをリリースと言っていましたが、今は新曲ができると、ＳＮＳ上にApple MusicやSpotify、BandCamp《バンドキャンプ》のリンクなどを貼りつけて、「新譜をドロップ」という言い方をします。

こう考えると、**音楽の新曲発表とアパレルの限定商品の発表の仕方がとても近いところにあるように思います。**

このドロップカルチャーを実践している事例としてバーバリーが挙げられます。

ちょっと意外ですが、バーバリーには、Bシリーズというラインがあって、毎月17日だけ限定のバーバリー製品をインターネットで発売しているんです（日本でも買えます）。

アパレルの業界はシーズンごとに「今年の新作」コレクションが発表され、それが店頭に並ぶという長年の「ルール」があります。

しかし、バーバリーのBシリーズは、このルールを無視して「いつでも、新作をフォロワー向けに発表する」形式をとっています。これまでのファッション業界が先導してきた「シーズン」とは関係のない、自社のファン向けのマーケティングになっているのが非常にユニークです［※57］。

ちなみに、先ほどのNTWRKは音楽業界との親和性が高く、ラッパーのドレイクや、ライブ制作会社のライブネーションも投資をしているといわれています。

フォーブスの記者によれば、ライブネーションがこのNTWRKに投資するのは賢い戦略だとしています［※58］。

記者によると、アーティストのマネージングチームが、NTWRKと共同でチケット商品に連動した企画を行い、アーティストグッズの「売り場」として活用することで新しいチャンスが広がる、と予想していました。まさに、ここでもカルチャーが重要になるんですね。

それにしても、**アメリカの有名なアーティストは、スタートアップへの投資を上手に行っていて、事業家としてもダイナミックさを感じます。**

ドレイクしかり、ジェイ・Zしかり。チャンス・ザ・ラッパーなんて、シカゴの新聞社を買ったりしていましたよね。それに比べると、日本のアーティストはスタートアップへの事業投資をうまくやっているイメージはありません。

というよりも、日本は、エンターテインメント業界とスタートアップのカルチャーがとても遠いようです。これもお国柄なのでしょう。

Winner includes all

独り占めの強さから、耳を傾ける優しさへ

ソフトウェアの世界に、「Winner takes all」という言葉があります。「勝者総取り」という意味です。ウェブ検索結果に出てくる結果の上位1社だけが生き残り、全部利益を取ってしまい、後は全滅してしまうような状態を指す言葉です。検索エンジンの分野ではグーグル、ECではアマゾン、仕事で使われるOSはマイクロソフトというように、各カテゴリで圧倒的なトップ企業が、すべてを持っていくという意味です。

しかし、これからは、「1社だけが全部を奪う」のは嫌われていくように思います。

そこで、私はこれからの時代は「Winner includes all」に変わっていくのではないかと考えています。つまり、**いろんな人たちの多様な価値観を受け入れ、全く違う発想が出てくるようなプラットフォームやエコシステムをつくるべきだと思うのです。**

新しい時代の勝者は、すべてを奪って一元化するのではなく、多様な人々が自律分散しながらも、協調し合えるようにすること。こうした包摂性の高いサービス提供者が、新し

い「勝者」になるべきなのです。さまざまな人が面白いアイデアを試したり、実験できるような環境をつくることが、「魅力的」な社会につながると思うんです。

ローカルカルチャーにリスペクトを表するビッグブランド

ウォルマートとか、アマゾン、グーグルとか、1社の資本やプラットフォームが、他のお店や個人をブルドーザーみたいになぎ倒していくのではなく、**いろんなローカルでユニークなものが自律分散・協調的に存在するような「マーケット」を目指す動きも出てきています。**

例えば、アディダスは、みんなが知るビッグブランドですが、最近はローカルのカルチャーに敬意を表した施策を行っています。90年代に存在した「Tony's」という、シカゴの伝説のスニーカー店を復活させるポップアップイベントを行いました[※59]。

このような取り組みは、さまざまなブランドでも行われています。

スケートボードのスニーカーで知られているヴァンズも各都市にある旗艦店を大幅にリニューアルし、売り場に加えて、地元のクリエイターが使えるスタジオを設置して「地元の文化」の発信拠点にしようとしています。

実際、各国のヴァンズでは、平日の午前11時から午前8時まで、ライブパフォーマンス、ワークショップ、トーク番組の配信が行われ、金曜日の夜にはライブミュージックやダンス中心のＤＪセットが放送されます。スタジオは、ブルックリンの「The General」、シカゴの「House of Vans」、ロサンゼルスのダウンタウンにある「Vans DTLA」など、ヴァンズが所有する旗艦店のスペースに設置されています。

特にロサンゼルスの店舗では、さまざまなミュージシャンやアスリートの視点から、現地の生活を振り返るコンテンツが人気です。

また、地元のスケートショップ、レストラン、音楽会場、独立系レコードレーベルとのコラボレーションが期待されています[※60]。

ナイキも、「Nike Unite」というプロジェクトを開始しました。

これまで、ナイキと言えば、アスリートのスーパースターをアンバサダーとして契約し、全世界にナイキの世界観に触れてもらうというコミュニケーションが主流でした。

しかし、この「Nike Unite」のプロジェクトでは、グローバルで名の知れたスーパースターを広告に起用するのではなく、あくまでローカルに住んでいるアスリートを讃えることをコンセプトに、ローカル発の店づくりに取り組もうとしています。

例えば、ソウル店では、ソウルの市内で活躍している地元のアスリートを、アンバサダーに起用したり、地元のスポーツの歴史をまとめたコンテンツを展示したり、地元の施工会社と内装をつくったりしています[※61]。本社の強力な「ヘッドクオーター」から、ローカルの店舗に、権限移譲しているんですね。

マーケティングの業界では、このような動きを「**フラグシップショップから、ゲートウェイストアへ**」といった言葉で表現することがあるのですが、人々にとって地元の店こそが、ゲートウェイになるということです。

いずれにしても、多様性を考える上で、ローカリティは重要な起点になりそうです。

ローカルコミュニティを通して多様性は生まれる

岩波新書に『地元経済を創りなおす』（枝廣淳子著）という本があるのですが、この本では、地域のお金が、「大企業」や「海外のプラットフォーム」など、地域の外にどんどんと漏れ出してしまうことの問題点をわかりやすく述べています［※62］。

例えば、私は宮崎県の日向市の出身なのですが、日向市を舞台に考えてみましょう。日向市の市民であれば、基本的には、九州電力を利用することになると思うんですが、そしたら、お金が宮崎からいったん、九州電力の本社がある福岡に流れます。コンビニでセブン‐イレブンを利用したら、セブン‐イレブンの本社である東京に一旦お金が流れます。また、ウーバーを使ったとしたら、アメリカにお金が流れるわけです。すると、地元で使われたお金が、全部、いったん地元から「外」へと流れてしまう。この本では、どうしたことを繰り返すうちに、地元でお金が回らなくなってしまう。こうしたら、地元でお金を回し続けられるのかを、成功事例を交えながら考察しています。

ＧＡＦＡＭのように圧倒的に強いサービスがあるのは、たしかに経済効率性は高いです。しかし、**なるべく地元にお金が回る仕組みを考えることが、「多様性」をつくる上で重要だと私は思います**。

ちなみに、私は、コロナの前まで、毎年のようにテキサス州オースティンで行われるＳＸＳＷというイノベーション・カンファレンスを視察していました。

オースティンでも、もちろんウーバーは使えるのですが、実は、オースティンの市民の多くはウーバーではなくRide《ライド》 Austin《オースティン》という非営利団体が運営しているライドシェアアプリを使っていました。このサービスの特徴は、利用時に支払うチップを、オースティンの市内で活動をしているＮＰＯなどの組織に支払う仕組みになっているのです[※63]。

アプリの中では、環境やダイバーシティへの取り組みなど、さまざまなテーマでの取り組みがカテゴライズされ、紹介されているのですが、チップは「環境」とか「ジェンダー」などのテーマを選択して払う仕組みになっています。

そうすることで、オースティンの市内で社会的な活動をしている団体にも、ちゃんとお金が回るようになっているのです。

とても賢い仕組みだなと思いました。「地元で使う」サービスは、わざわざ、ウーバーというグローバルプラットフォームを利用する必要はないんですよね。知恵を絞って、地元の経済や社会に還元される仕組みを、自分たちの手でつくることも重要だと思うのです。

格差と嫌儲《けんちょ》

消費で、未来をつくろうとする人たち

さて、ローカルに限らず、「何か巨大な資本が、私たちからすべてを奪って、根こそぎ破壊していく」ことに対する反発は、若い世代を中心に広がってきているように思います。

イーロン・マスク氏は、てっきりZ世代のスターなのかと思いきや、SNSでは「労働者を搾取してふざけるな」とのバッシングの嵐です。セレブもSNSで商品の紹介をする時にうっかりアマゾンのリンクを貼って紹介すると、「アマゾンのようなプラットフォームを紹介しないで」という反対のコメントがやってきます。

「ウォール街を占拠せよ」のオキュパイ運動もそうですし、グーグルの社員専用の通勤バスに石を投げる人たちがいること[※64]、や、「アンチグーグルカフェ」なる奇妙なカフェがあることも考えさせられます[※65]。また、ちょっとびっくりしますが、最近はティックトック上には、あの「マルクス」の本を「バズ」らせる人たちまでいるのです[※66]。

では、一握りの富裕層が、ほとんどの富を独占していることに対する「反発」がとても高まっている現状を、マーケターとしてはどのように考えればいいのでしょうか。

資本主義の下、自由競争をそのまま放っておけば、ある種の「自然の摂理」のように、一部の圧倒的な勝者が出てきてしまう。「自由競争」を放任していれば、当然導かれる結論なのかもしれませんが、今の格差社会に対して、人々は感覚的に「行きすぎ」だと感じ、我慢の「閾値《いきち》」を越え始めているのではないかと思います。

私としては、何事も極端はよくないのだ、ということでしかないと思うのですが、これからのマーケティングは、ふんわりと「みんなの憧れの暮らし」を描くよりも、**リアルな「格差」とか「分断」「孤独」「承認」や「絶望」などの重いテーマに対しても、ちゃんと想像力や具体的な方策を持つことが必要になる**と思います。結構、暗い話ですけど。


今の日本の経済政策でも、「成長」を取るか「平等」を取るか、議論が堂々巡りしていますが、それだけ、格差や分断の問題が、抜き差しならないところまできているのでしょう。まぁ、どっちもバランスを取るしかないと思うのですが。

人は、バカにされたと感じた時に怒りを感じる

最近、考えさせられたケースは、ゲームストップ社の株を「みんな」で買って、アメリカのファンドが仕掛けようとしていた「空売り」を撃退した事例です。

アメリカのある大手ファンドが、ゲームストップという会社のビジネスは、すでに時代

と合わなくなっているから、今後、おそらく株価が下がるだろうと見越して、いわゆる「空売り」を企み、株を暴落させて儲けようとしていたことがあります。

株に詳しい人には説明不要ですが、株は上がれば儲かるだけじゃなくて、「下がることを見越して」取引する「空売り」という手法があるんです。実は株って、暴落するほど、めちゃくちゃ儲かる人たちが出てくる世界なんですね。

話を戻します。その大手ファンドの人が、密かに空売りしようと目論んでいたことを知った一般のゲームユーザーたちが、「我々の思い出のあるゲームストップ社の株を暴落させようとしているファンドなんて許さない」と、SNSで団結して、一斉にゲームストップ社の株を買うという「活動」を始めたんですね。

一人ひとりの影響力は小さいけれど、みんなで団結することで、それが大きなパワーになりました。結果、株価がむしろ暴騰して、ファンドは何百億もの赤字を出してしまったのです。

日本でも嫌儲《けんちょ》というネットスラングがありますが、人々には、どこか感情的に「許せない」ポイントがあり、そこに火が付くと、一斉にアクションが取られる。

もちろん、昔から労働運動や社会運動のような、市民運動はありました。しかし、今は「消費（者）の運動」「消費アクティビズム」のようなものとして、こうした運動が起きているわけです。

まさに人々は、**自分たちの手で自分たちの未来を、消費や購入するものを通して、変えていこうとしているのです。**

やはり、人間は「ちょっとバカにされている」と感じた時に、強い怒りが湧いてくるものなんだと思うんですね。

例えば、品川駅構内に出した「AlphaDrive/NewsPicks」の広告に批判が集中し、掲載翌日に撤去されたことがありました[※67]。上から目線のメッセージはやはり嫌われるんだと思います。

「我々の仕事をバカにしているのか。他のメディアの記者が一生懸命つくったニュースを『キュレーション』という口当たりのいい言葉でほどよくパクっているような人達に言われたくないわ」という、一部の人々の怒りに触れたんだと思います。

私も、何を隠そう、実はあの広告には「イラッ」と来たひとりなのです。そもそも、ニューズピックスの中にいるプロピッカーって、なんなんですかね。誰が考えたネーミングなんだろう。いろんな意味で、センスありますよね。

教育

プロモーションよりも、エデュケーションを

これからのブランドのあり方を考える上で、顧客と一緒に学び、成長していけるようなコミュニティをつくっていくことも、とても重要なアクションになりつつあると思います。最近のブランドは、目先の売上を確保するためにプロモーションを行って、顧客を「刈り取る」発想だけでは、「焼畑農業」のようになってしまうことに気づき始めました。「ひたすら一方的に売りつける」ことに限界を感じ始めたのです。

そこで、**顧客に対して、ただプロモーションするだけでなく、一緒に学び、成長していく関係をつくろうとする企業が増えています。**その試みのひとつが、ブランド独自の教育プログラムの開発です。

例えば、アレキサンダー・マックイーンという、英国の高級ファッションブランドがあります。同社は、２０１９年、ロンドンにある旗艦店を、これまでと全く違うコンセプトに変えました。

一般的に、高級ファッションブランドの最上階は、VIP向けにサービスを提供する場所になっていますが、アレキサンダー・マックイーンの新しいお店は、最上階を次世代のファッションデザイナーを目指す人たちのための「教室」に変えてしまったのです。

内装も、ブランドのクリエイティブ・スタジオを実際に模してあり、マックイーンや現クリエイティブ・ディレクターのサラ・バートンのアーカイブ作品が展示されています。

私も実際に、視察で訪れたことがあるのですが、まるで美大のテキスタイル学科の人たちの作業場のごとく、あちこちにアイデアの断片のメモや、ブランドの作業プロセスを深く掘り下げた展示がしてありました。

こうやって、洋服はつくられているんだな、と体感することができたのです。

その教室では、ただ展示するだけではなく、定期的にプロのデザイナーによる無料トークイベントや、ワークショップも開催されているそうです。デザイナーの卵にとって、かなりワクワクする場所だなと感じました。

つまり、若い子には「買わせる」のではなく「業界に関心を持ってもらう」かたちで教育を行う。それを通して、**アレキサンダー・マックイーンは、顧客と長期的な関係を築こうとしている**わけです。とても息が長いブランディングですね。

ちなみに、コロナ以降、同店はフィジカルな展示は行っていないらしいのですが、その代わり今は、アレキサンダー・マックイーンの公式インスタ・アカウントを通して、いいアイデアを持つ若手のデザイナーの投稿を「紹介」する取り組みを始めています。

SNSで、若者が業界でのチャンスを掴むための手助けを積極的にしているのです。こうしたかたちで、プロモーションではなく、エデュケーションを行うことは、長期的に、ファッション系の仕事をしてみたい若者たちを惹きつけます。

こうした活動を通して、産業自体に優秀な人たちが集まり、ファッションに関わるプレイヤーが増えるので、結果的に、業界は輝き続けられます。

今、どの業界も優秀な若者の奪い合いです。ファッション業界はすごく面白いとか、夢が叶う場所だ、と本気で教育していくことが、そのブランドを好きになってもらう意味でも、業界の未来をつくる意味でも重要になっているんですね。

若者側も、たとえデザイナーになれなかったとしても、ずっとアレキサンダー・マックイーンに対するリスペクトは持ち続けるだろうし、「いつかお金を持ったら、ここで服を買いたい」と憧れも持ってくれるでしょう。

同様に、グッチなどのブランドを展開するケリングも、ロンドン・カレッジ・オブ・ファッションという服飾専門の大学と共同で、ファッション業界に関するサステナビリティを教えるオンライン講座を開発しています[※68]。今、**ハイブランドも本気でサステナビリティに取り組んでいるのですが、「まずは、教育から」と考えているわけです。**

超長期的視点で教育を行う「ベスト・バイ」

エデュケーションに力を入れているところといえば、家電量販店のベスト・バイの活動も興味深いです。

ベスト・バイは、貧しい人たちが多く住むエリアに「Teen Tech Center」と名づけられた学校を設置して、10代の子どもたちにＩＴのスキルやエンジニアリングを無料で教えています。それにより、その子たちが将来、少しでも給料のいい仕事につくための支援をしているのです[※69]。

子どもたちが、「Teen Tech Center」で学んだことを生かし、いい給料がもらえるテック企業に就職することができたとしたら、きっと回り回って、将来はベスト・バイでパソコンなどを買ってくれるはずですよね。

顧客から刈り取るのではなくて、**顧客に豊かになってもらう視点を持つことが、地域社会にとっても、企業の未来の事業にとっても、非常に重要なのです。**

そのほかには、アマゾンも従業員の学費を支払う制度を導入したり、スターバックスも、同社で働く学生の教育費用を支援したりするなど、さまざまな教育サポートの施策を始めています。

ただ、この場合は、私企業が、自社の社員のみを教育することへの批判がある点を忘れてはいけません。

アマゾンは、自社の社員の教育にお金を使って「節税」するよりも、きちんと税金を払って、多くの人たちに「公正な」教育機会を与えることに寄与すべきだという批判があるのです。

これは考えるとプライベート企業が「パブリック」になることは可能か？　という、非常に難しい問題に行き着きます。

私個人としては、公共機関も、昔ほど潤沢な予算がなく、そして教師に求められるスキルセットも現代のように高度に複雑化した社会に追いついていない現状がある中で、どうしても企業のサポートは必要になると思うし、「教える内容」も、もっと変えていく必要があるだろうと考えています。

要は、**企業も何らかのかたちで、地域の人々の教育に関わる必要はあると思っています。**

理想は、既存の教育者が、公平という意識を持って、多様なスキルを有する企業人たちの「ハブ」となり、より柔軟なかたちで教育機会を子どもたちに提供することだと思います。

いずれにしても「お客さんと、何を一緒に学んでいけばいいか」はマーケターとして考えてみたいテーマです。

ダイバーシティ

異なる視点が混ざり、生まれるクリエイティブ

「ダイバーシティ」という言葉は、日本でも使われるようになったので、随分と理解が広がってきていると思います。ここでは、**ダイバーシティへの取り組みが、「公正さ」の観点だけでなく、「優れたアイデアを生み出す」ことにつながる**ことについて考えていきたいと思います。

まず、マーケティングの観点で言えば、世界のマーケット自体の多様化がますます進んでいます。アメリカのマーケットでは、近年はラテン系、アフリカ系、アジア系、あるいはミックスの人たちの人口を足した人口の方が、白人よりも多くなっています。

アメリカではこれまでマジョリティだった白人の考え方を押しつけることが通用しなくなってきています。また、中国、インド、アフリカなどの市場も成長していますし、新興

国の方が新しい技術の普及が進む、リープフロッグ現象も次々と起きています。

第1章でお話ししたように「消費者の平均的なニーズに意味がない」のであれば、企業も、似た者同士で集まるよりも、いろいろなバックグラウンドを持った人に参加してもらった方がいいわけです。そして、多様な視点を持てることが、優れたマーケティング戦略の立案につながるのです。つまり、さまざまなバックグラウンドの人たちの「気づき」を取り入れるからこそ、優れたアイデアが出せるようになるのです。

ネットフリックスは、組織自体がマーケティング戦略になっている

多様性に関して優れている企業の例として、まず思いつくのがネットフリックスです。ネットフリックスは、世界中でサービスを提供しているだけあって、さまざまな国の人たちの反響にとても敏感です。

ネットフリックスのオリジナルコンテンツも、とても多様ですよね。当然のように、ラテン系の人が主人公のドラマも、韓国人が主人公のドラマも、インド人が主人公の映画も、黒人が主人公のドラマも、もちろん日本人のドラマもあります。

ネットフリックスに慣れている人には「当たり前」なことに思えるのですが、これ、よくよく考えると、既存の企業にとって、そんなコンテンツのラインナップを同時にたくさん揃えるのは、非常に難しいと思うんです。

例えば、競合であるディズニーを考えてみましょう。ディズニーは歴史が長いことや、ファミリー層から圧倒的に支持されている点では依然、最強だとは思うんですが、多様性の観点では常に批判を受けていることも事実です。

映画『アラジン』の実写化の際、ヒロイン役が中東系ではないことで炎上したり、主人公を非白人が演じること自体がニュースになったのは記憶に新しいと思います。

ちなみに、『アラジン』の実写版の映画の主人公役を担当したメナ・マスードさんは、せっかくディズニー映画に主人公として出演したのにもかかわらず、彼が中東系だという理由で、「テロリスト」役以外では、他の映画のオーディションすら受けさせてもらえない状態にあるそうです。結構ひどい話ですね［※70］。

また『アラジン』では、原作になかった役に白人を出したことも批判されています［※71、72］。

そもそも「現代の基準」で見たら、ディズニーは、その企業の成り立ちからして、世界各地の民話をホワイトウォッシュしているように見えますし、歴史的にもその手の批判は常にありました。歴史ある会社は、歴史資産を持てる優位性もありますが、慣性の法則も働くでしょうから、なかなかスパッと根本の思想や体質を変えるのは難しいと思うんです。

もちろん、１９３０年代からある会社なので、当時のことを、現在の視点で断罪しても仕方ないだろうという気持ちもあるわけですが。

一方、ネットフリックスでは、現地のスタッフへの権限移譲がスムーズで、この手の文脈であまり問題になっていないようです。

（と、この原稿を書いている期間に、2021年10月18日のTechCrunchの記事にて「ネットフリックスがトランスジェンダーの従業員によるストライキを計画した社員を解雇」という報道がされました。追記しておきます［※73］）

でも、なぜネットフリックスは、多様なコンテンツを制作することが可能なのか？

答えは、やはり、採用や人事制度にあるようです。

TechCrunchによる記事を引用してみましょう。

「Netflix（ネットフリックス）は米国時間1月13日、同社初のダイバーシティ&インクルージョンレポートを発表した。（中略）世界的に見ると、Netflixの全従業員の47・1％を女性が占めている。2017年以降、白人とアジア系社員の割合は緩やかに減少をたどっており、ヒスパニック系、ラテン系、黒人、複合人種、先住民族系の割合は増加している。米国では、Netflixの全従業員のうち8・1％はヒスパニック系・ラテン系、8％は黒人、5・1％は複合人種で、従業員の1・3％がネイティブアメリカン、アラスカネイティブ、ネイティブハワイアン、パシフィックアイランダーおよび／または中東・北アフリカ出身者のいずれかである。

Netflixの管理職レベルにおける有色人種の割合は完璧ではないが、テック業界全体で有色人種が占める割合よりも高いことは間違いない。Netflixのリーダー層はアジア系15・7％、黒人9・5％、ヒスパニック系4・9％となっており、同社の上層部の4・1％が複合人種だという」（Megan Rose Dickey「Netflixが従業員の多様性について最新の統計を発表、公式レポートとしては初」TechCrunch、2021年1月15日［※74］）

今、これを真似できる日本の会社は、どれほどあるでしょうか。ちょっと難しいですよね。私は、このネットフリックスの採用の考えが、公正さを目指すのと同時に、グローバルにビジネスを展開する上でも理にかなっていると思います。

要するに、**視聴者自体が多様なんだから、その会社に多様な人材がいることは、当たり前なんだ、ということです。**

体制的にも、各地域のプロデューサーに権限移譲されているため、現場で「決める」ことができる。だからこそ、その国の視聴者の感覚もわかるし、ネットフリックスの持っているデータや知見に沿って演出すれば、他の国の人も「共感」できるわけです。ちなみに、ネットフリックスの作品の1／4は女性が監督を務めているというデータもあります［※75］。

よくネットフリックスと日本の放送局や映画との比較で、「制作費」の違いを指摘する声は多いのですが、「多様な視点からクリエイティブをしている」という論点が抜け落ちているように思います。

外に出ることで、気づく価値もある

私は、出版社の方や印刷会社の方と、漫画のグローバル戦略について、ディスカッションする機会があるのですが、「もし日本の漫画を世界で売っていきたいのなら、〝編集方針〟だけでなく、〝採用方針〟にまで踏み込んで、本気で変えた方がいいのでは?」とお伝えしたことがあります。

コンテンツ戦略は、ほぼ人事戦略に直結するからです。このコンテンツは誰向けの作品にしていくのか、多様な視点が混ざった方がグローバルにも通用すると思います。

ちなみに、私が聞いて面白いと思ったのは、ある出版社の方が、アフリカのケニアとナイジェリアに日本の少女漫画をプロモートした時の話です。

ナイジェリアの女の子が、日本の漫画にとても感動したらしく「初めて、白人以外の主人公で、しかも、自分に自信を持っていない子が主人公の人の作品を読んだ。でも、ダメながらも、頑張って輝こうとしている作品を読んで、励まされた」と言ったそうです。

日本に多い「主人公がダメなキャラ」が海外でも「共感される」可能性があることに、ナイジェリアに行ってみて、初めて実感として気がつくわけですね。

これは、**外の視点に触れて初めて、言語化できるものなんだと思います。**地道ですが、こういった声に耳を傾けられる人材が増えていくといいですよね。

それから、日本のアニメ業界について、もうひとつ「ハッ」としたことがあります。Black Lives Matterの運動の時に、アーティストのファレル・ウィリアムズが、ジェイ・Zをフューチャリングして、「Entrepreneur」という曲を発表しました。曲は、黒人が差別され、搾取されてきた歴史の中で、それでも努力して、自立して、起業家として成功している人たちがいて、胸を張って生きている人たちを讃えている内容なんです[※76]。

ミュージックビデオの中では、さまざまな起業家や、立派に働いている人たちが紹介されているのですが、実は、このビデオの中に、一瞬だけ、「Arthell and Darnell Isomは、黒人として初めて日本にアニメスタジオを立ち上げた」という紹介が出てくるんですね。

私は、恥ずかしながら全く知らなかったのですが、実は、新宿にD'ART Shtajioという黒人初のアニメスタジオがあるらしいんです。実際、あのThe Weekendのミュージックビデオのアニメは彼らが制作しているんだそうです。驚きですね[※77]。

彼らは、きっと日本のアニメに憧れて、日本でアニメスタジオを持ちたいと考えて、苦労してスタジオをつくったんだと思うんです。これは、ものすごいことだと思うんですけど、調べると結構日本のアニメスタジオとのコラボレーションの実績もあるようでした。

『ワンピース』や『ジョジョ』、『東京喰種』などのヒットしているアニメ作品にもクリエイターとして参加しているようです。今後も、彼らや他の国のアニメーターの視点と、日本のアニメーターの視点が「混じる」ことがあるのだとしたら、どんなものになるのだろうかと、ワクワクします。

パラリンピックの金メダリストに学んだこと

ダイバーシティに関連したことで言えば、私は、とある企業のカンファレンスで、パラリンピック水泳競技の金メダリストで、前人未到の活躍をされた河合純一先生とご一緒させていただいた機会があります。

そこで先生から「障害を持っている人の視点は、クリエイティブなアイデアを生み出すヒントになる可能性がある」ということを教えていただきました。例えば、目が見えない河合先生は、クロールで100メートルを泳ぐ際に、「ターン」のタイミング把握するために、手を動かす回数や、音、皮膚感覚をうまく使っていた、ということを仰っていました。

その視点は自分には到底思いつけないものだったので、自分が持っていた「常識」が壊れるというか、既存の水泳の捉え方や競技を観戦するポイントが「変わる」ことに、ワクワクしたんですね。

スポーツを観戦する時に、面白がるポイント（視点）が変わる。河合先生のお話を伺って感じたのが、「**クリエイティブは、違う視点を混ぜることにヒントがある**」ということなんです。

企業も「新しい視点」を得るために、次々と多様なバックグラウンドを持つ人たちとのコラボレーションをする機会が増えてきています。

イケアは、eスポーツ用のガジェットを開発する際に、ユニバーサルデザインを得意とするデザイン・ブティックのUnyq《ユニーク》と共同で、障害を持っている方を招いて、製品のアイディエーションに取り組んでいます［※78］［※79］。

例えば、車椅子に乗っている人を「障害者」として扱うのではなく「長時間座るということに対して、優れた知見を持っている人」として意見を伺うのです。

新しい視点は、とてもクリエイティブな洞察を提供してくれるのです。

このアイディエーションから生まれたイケアの製品は、もちろん障害を持っている人にも使いやすい設計になっていますが、同時に、長時間プレイする、どんなプレイヤーにも、使いやすいデバイスになっているわけですね。

もし、イノベーションの定義を、シュンペーターの言った「異質なものの新結合」だとするのであれば、ダイバーシティの取り組みはまさに「違う視点を交差させてみる」ことにつながるのだと思います。

企業がダイバーシティの取り組みを行う際、掛け声をあげたり、バッジをつけたりするだけではなく、**社員に「全く違う視点を取り入れる」ような、具体的な活動**が何より大切だと思います。

少しラディカルな事例ですけど、リモートイヤーという会社をご存じでしょうか[※80]。

このリモートイヤーは、契約した企業で働く社員に、1年間、毎月世界中のいろんな都市を転々と移住しながら、既存の仕事をしてもらうというプロジェクトを提供しています。

例えば、あなたが、どこかの家電メーカーのデザイナーだとすると、デザイナーの仕事を続けながら、毎月世界中のいろんな場所を転々と移動する、というプログラムを提供しているんです。ワルシャワ、マニラ、京都など、1年かけて12カ国を回ります。リモートイヤーは、宿泊施設、フライトなど、働く環境の手配を代行し、独自の研修プログラムを提供します。

参加者は毎月、住む場所や移動手段を気にする必要はなく、仕事とその国での生活に集中できる。会社を辞めて放浪の旅に出るのではなく、会社の仕事を続けながら、さまざまな視点を獲得していくわけです。

実はこのサービス、とても人気で、私も数年前に私もサラリーマンだった時代にこっそり応募しようとしていたのですが、倍率が当時ですでに200倍もあったため、選考で落ちてしまいました。そもそも、上司を説得できる自信もなかったのですけれど(笑)。

参加者の話を聞いたことがあるのですが、非常に多様な視点を持つことができ、ベタですが、人生観や仕事観、価値観が大いに変わるとのことでした。

もちろん、リモートイヤーのようなプログラムを、日本の会社が今の体制のまま導入するのは難しいにせよ、日本企業がこれからグローバルで活躍する社員を育てたいなら、この手の「世界に触れる」ような教育にもっとお金をかけていく必要があると思います。

企業として、未来をつくりたいのであれば、本当に国際的に活躍できる「人材」を育てることが命です。

頭でっかちもダメ、現場しか知らないのもダメ

ところで、会社などの組織が、継続的に賢くなり続けるにはどうしたらいいのか、というテーマで研究している教授がいるのをご存じですか？

『ソーシャル物理学』という本の著者、ＭＩＴのアレックス・ペントランド氏は、物理学の専門家として「組織」に生まれる「アイデアの流れ」を研究している教授です。

彼によれば、組織が賢くあり続けるためには、社員による「探求」と「エンゲージメント」の２つを繰り返すことが重要だと述べています。

つまり、社員は、普段の業務の「外」を探求し続けること、そして、そこで得た知見をきちんと社内に持ち帰ってきて、共有すること（エンゲージメント）を繰り返すことが必

要なんだそうです[※81]。**現場作業と同時に、もっと外の価値観やアイデアに触れる体験をして、その学びを持ち帰ってきてもらうという姿勢が重要**なんですね。

頭でっかちなだけでもダメだし、現場しか知らないのもダメ。やはり、マーケターは実務を担当するのと同時に、世界に向けて出ていく。そして、マーケティングの外（社会、文化、テクノロジー）とつながっていく努力が必要なんでしょうね。

グローバルの基準で言えば、社員に十分な教育的投資をしない会社には、優秀な人が集まらない時代になっています。特に、優秀なエンジニアは世界中で争奪戦が繰り広げられているので、きちんと給料も渡さないといけないし、教育の機会も十分に用意しないと、すぐやめていってしまうわけですね。

ネットフリックスを見ればわかるように、これからは組織の構成自体が、マーケティング戦略そのものになります。つまり、これからのマーケティングのコアになるのは、どこまでいっても「人」なのです。

ウェルネス

チーフメディカルオフィサーの登場

企業が持つべき価値観として、ダイバーシティと同様に重要なのが、ウェルネスです。第2章でもお話ししましたが、これからの時代は、企業はユーザーや社員の体の健康や、メンタルヘルスの問題ときちんと向き合っていく必要があるのです。

現在は会社の規模や知名度よりも、社員も消費者も「病まないでいられるか」が大事になってきていると思います。私は、これからのブランド戦略のコアの1つは確実にウェルネスになると考えています。

どんな企業も、「自分たちの仕事を通して、社員やお客さんの体や心の健康を大切にしてもらうために、何ができるのだろう?」という視点を持つことが、非常に重要なのです。

ちなみに、日本ではウェルネスというと、未だ「フィットネス」と同じような意味で捉えている人が多いと思いますが、グローバルでは、**体、心、スピリット(文化やコミュニティとの関係性)の3つの健康を実現した状態**を指す概念として流通しています。

ウェルネスは、とても広い概念なんです。

例えば、記憶力もしっかりしていて体も健康だけれども、人間関係がうまくいってない状態や、お金の心配があったりするのは、ウェルネスではないという考え方ですね。

先述の通り、「病気」の原因が、食事や睡眠の不摂生だけではなく、人間関係やお金によるストレスや不安も大きいといわれている中で、健康を総合的に考えないといけない時代になっているのです。

今までとは違う、総合的な健康を提供しているセルフケア系のブランドにも人気が集まっています。

代表的なのが、2021年にニューヨークの証券取引所で上場を果たした、hims《ヒムズ》&hers《ハーズ》というスタートアップ企業です[※82、83]。

この企業の提供しているプロダクトは、一見すると技術的に「画期的」なものは、特にないようですが、サイトのカテゴリの整理の仕方が非常に秀逸なんですね。

himsは男性向けのさまざまな悩みに、hersは女性向けのさまざまな悩みに答える商品やサービスを並べているのですが、例えば、男性であれば、「セックス」「ヘア」「スキン」「メンタルヘルス」「サプリメント」「プライマリーケア」「ポピュラー」というカテゴリが並列に並んでいます。

従来の考え方であれば、ビューティはビューティの会社、サプリは健康食品の会社、メンタルヘルスは医療関係というように「業界別」でそれぞれサービスやプロダクトを提供することが一般的でした。

同社が卓越しているのは、男性なり女性なりの「悩み」を中心にして、業界横断でソリューションを提供していることなのです。

セックスの悩みと、メンタルヘルスが並列にあるのはユーザーからはわかりやすいですが、業界側からすると、そのような横断は今まで難しかったわけですね。

hims & hersは、既存の業界が縦割りになってしまっているところに、スタートアップとして、横串をさしたことに価値があるんだと思います。実際、このサービスでは、医薬品も購入できるし、オンラインでの診察も受けることができます。モノもサービスも、統合的に提供しているところが受けて、同社は急成長しているのだと思います。

「ウェルネスツール」を導入すれば、ウェルネスになるのか？

ウェルネスという言葉は、2016年あたりから次第にグローバルでもトレンドワードになりました。儲かる市場だと予測されたため、現在本当にいろいろな企業がウェルネスを謳《うた》っています。

医療業界はいうまでもなく、ウェルネスに関わる製品開発に取り組んできましたが、ほかにも、アパレル業界では「アスレジャー・ファッション」を流行らせましたし、美容業界ではウェルネスを謳ったボディケア商品をプロモートしています。

お騒がせ企業のGoop《グープ》は、ここぞとばかりに、ネットフリックスで大々的に「Goop Lab」のドキュメンタリーまで制作していました[※84]。

あるいは、マインドフルネスブームに乗って、Headspaceに代表される瞑想アプリも世の中にたくさんでてきました。VRの分野でも、うつ病の治療方法にVRが有効であるという研究が進み、一部はFDAの審査を通過して「医療行為」としてのお墨付きをもらったり、よりよい睡眠を実現するマットレス市場も元気です。

マリファナの合法化に伴う、「グリーン・ラッシュ」もある意味巨大なウェルネスマーケットだといえるでしょう。

今、猫も杓子も「ウェルネス」が次の鉱脈（金脈）だと言わんばかりに、事業戦略のストーリーとして語るようになってきています。

最近は、日本でも日経新聞がウェルビーイングイニシアチブを立ち上げて、いろいろな企業とウェルネス経営を推進するようなプロジェクトをやっていますよね[※85]。

こうした動きを見ていると、早晩、会社のイントラに「ウェルネスツール」を導入する企業も増えてきそうです。前にもマイクロソフトのチームスが瞑想アプリのHeadspaceと協業していると述べましたが、この手のツールが企業に導入され、早晩、人事部あたりが、社員の健康管理を行うことになるのかもしれません。

社員もウェアラブルデバイスなどをつけて、会社に心身の健康データを提供しながら働くようになるでしょう。

ただし、私は「弊社は、ウェルネスツールをイントラに入れてます。だから、立派に、ウェルネス経営を実現しています」なんてことを言い始める企業が出てきたら、要注意だと思っています。**ウェルネスの実現は、ツールの「導入」が目的ではなく、実際に会社の人間関係やストレスの問題に人が関わって、問題解決をしていくこと**だからです。

ウェルネス・ウォッシング問題

それから、もう1つ注意しないといけないのが、フェイクの問題です。

先述のGoopが、まさに批判されていることなんですが、サイエンスファクトのない企業が「売る」ために、いかにも効果がありそうに見せかける事例が急増しているんですね。いわゆる「ニセ科学（スード・サイエンス）」の問題です[※86]。

環境にそんなによくないのに、あたかも環境にいいことを行っている風に伝える企業のことを「グリーン・ウォッシング」と言いますが、今や「ウェルネス・ウォッシング」も深刻です。

D2Cでサプリを提供する会社が増えましたけど、中には、随分ファクトが弱いのではないか思われる企業もたくさんあります。

「D2Cで起業するなら、ウェルネスが流行ってるし、収益率も高いサプリでもやっとけ」という「ベンチャーキャピタリストの事情」を感じるのは私だけでしょうか。

たしかに、サプリは継続して購入するカテゴリなので、お金儲けという点だけを考えれば、D2Cの事業を査定する「CPA（顧客獲得単位）とLTV（顧客生涯価値）の指標管理」は実行しやすいでしょうね。

でもそれこそが、かつて話題になったウェルク問題と似ていて、「中身はなんでもいいから、売上があげられるもの」になってしまうと、「品質」は置き去りになってしまう。

ともかく、この先も**ウェルネス市場が発展、成熟していく上で、誠意を持ってユーザーにアプローチしていく姿勢が求められると思います。**

また、データが取得される時の個人情報の扱いなど、かなりセンシティブな問題もはらんでいきそうです。

今、企業には「正しい情報が求められている」という話は先にしましたが、まさにウェルネスに関わるプロジェクトは、**社員や、お客さんに対しても、正確性や安全性、透明性について、真摯に対応していくこと**が必要なんですね。

ちなみに、ウェルネスの啓蒙という意味で、真摯な活動をしていると思ったのは、日本のアシックスです。アシックスは、英国の小さな街を回って地域の人々のメンタル・サポートをするプロジェクトを行っています。

コロナ禍以降、イギリスの人々のメンタルウェルネスをサポートすべく、アシックスは独自の技術で、顔写真から「気分」を測定する「Mind Uplifter」という技術を提供しています。これは、アシックスが、オーストラリアのバイオインフォマティクス専門企業であるEmotiv社と共同で開発した独自の技術です。

この技術を使って、アシックスは運動がもたらす精神的な効用をもっと知ってもらうために、イギリスの小さな街を回って地道な支援活動をしています[※87]。

「チーフ・メディカル・オフィサー」はなぜ設置されたか

スポーツや、医療、食品などのほか、直接ウェルネスに関わりそうにない業界からも、ブランドのコア価値に「健康」をおく企業も出てきています。

例えば、ニュージーランド航空が役員に「チーフ・メディカル・オフィサー」なるポジションを設置しました[※88]。

コロナ禍以降、航空会社に第一に求められようになったのは「衛生」です。つまり、どのような基準で衛生を担保しているのかを乗客に正確に伝える役割が必要になったということです。

従業員の衛生に対する取り組みと、広報やコミュニケーションを一気通貫させ、乗客の健康を守る必要が出てくる中で、チーフ・メディカル・オフィサーが設置されたんですね。

既存の組織構造だと、そこの責任が曖昧になってしまうからです。

この先、コロナの問題が解決したとしても、「衛生」に関わる情報発信は継続的に必要になると思います。さらに、顧客の健康に関わるサービス改善などを主導していけば、大きな価値をつくり出せるのではないでしょうか。

思考実験として、自分の会社に、チーフ・メディカル・オフィサーがいたら、サービスのどこに目をつけて、顧客にどのような情報を発信するか、考えてみると面白いですよね。

同様の事例として、ジャガー・ランドローバー（以下、ＪＬＲ）は、２０１８年にチーフ・メディカル・オフィサーを任命し、車内でのウェルビーイングへの取り組みを表明しています。

例えば、ＪＬＲが現在進めている「トランキル・サンクチュアリ」と呼ばれる技術には、人工知能（ＡＩ）を利用して気分に応じた車内設定を行ったり、乗り物酔いを軽減したりするものが含まれています。

２０２１年の1月には、骨盤の動きや歩行のリズムをシミュレートするために、シートフォーム内のアクチュエーターを使って、座りすぎによる腰痛を避けるための、腰の動きに合わせて動く「モーフィング・シート」なるものを発表しました。

アメリカ人の平均的な運転時間は週に10時間（年間520時間）であり、運転手が座りっぱなしの負荷を軽減することに大きな価値が期待されています。もはや、車のインテリアデザインの戦略を「ウェルネス・セントリック」にするような視点が出てきているんですね。

このようなかたちで、さまざまな業界の企業がこぞって、自分たちが提供しているサービスやプロダクトに「ウェルネス」を置いたら何ができるか？　という競争をし始めています。

サイケデリック分野への期待が高まっている

一方、2020年には、医療の分野から、ちょっと信じがたいようなアプローチをするスタートアップも登場してきています。

アメリカ国内におけるマリファナの合法化の流れはみなさんも知っていると思うのですが、今度はLSD、シロシビン（マジックマッシュルーム）、MDMAなどのサイケデリック分野の合法化の動きが、アメリカで進んでいるんですね。

例えば、オレゴン州は2020年11月に州単位としては初となるシロシビンの合法化を行いました。違法ではありますが、ニュージャージー州は2021年2月に1オンス（約28グラム）以下のシロシビンの所持が3～5年の実刑から6カ月未満の実刑ないし1000ドル（約10万5000円）の罰金刑に緩和しています[※89]。

ネットフリックスのドキュメンタリーにLSD体験者インタビューで構成された「Have a Good Trip」という作品があったりもしますが、実際サイケデリック市場は、2019年の9500万ドルに対し、2020年には4億4800万ドルに達し、これまでで最も多額の投資が行われたことで盛り上がりを見せているんだそうです[※90]。

日本に住んでいる私たちの感覚からしたら、全く想像できないですが、サイケデリックは、精神疾患に苦しむ人たちの治療に期待されているそうです。 2021年の末には、ポートランドの退役軍人局病院では、PTSDに苦しむ退役軍人を治療するために、サイケデリックを集団投与する11週間の研究が予定されています[※91]。

この分野で注目されている企業に、ベルリンを拠点とするバイオテック企業ATAI Life《アタイ・ライフ》があります。同社は2020年11月に1億2500万ドルの資金調達に成功した後、2021年3月に1億5700万ドルの資金を調達しました[※92]。

ATAI Life社は10の医薬品開発会社を所有し、それぞれの会社が精神疾患の治療のために異なる化合物の可能性を探っています。

合成シロシビンを製造するCompass Pathways《カンパス・パースウェーズ》社もその1つです。この企業への投資家の中には、なんとあのピーター・ティールも名を連ねています［※93］。

「メンタルヘルス」に悩む若者が、心を変えるような体験を求めていることを受け、旅行業界でもにわかに「サイケデリック旅行」が流行しているようです。

例えば、シロシビンが合法化されているジャマイカでは、今、なんとマジックマッシュルーム・リトリートの旅が若者たちにとても人気になっています。

「MycoMeditations《マイコメディテーションズ》」という旅行会社は、クラシック、コンフォート、1万500ドルのコンシェルジュといった3種類の値段の「マッシュルーム瞑想ができる」パッケージツアーを提供しています。

ちなみに、「MycoMeditations」は、参加者が帰国した後もケアをするため、セラピストとのビデオ通話で、健康上のフォローアップを行っているそうです［※94］。

このサイケデリック分野への投資は、知的財産権の問題、文化的盗用の問題（もともと、先住民の儀式などで使われていた〝文化〟の側面があるわけです）など、議論すべき論点が複雑に絡んでいるということを、VICEの記事が解説しています。［※95］。

このサイケデリック産業の盛り上がりと、一部の人たちの「傾倒」は、まるで、1960年代後半を彷彿とさせます。

あの時代から、サイエンスが進歩して、人間への「適量」がどの程度のものなのか、ファクトがわかってきたということもあるのかもしれません。

後は、第2章でも散々お話しした通り、メンタルヘルスの問題がここまで深刻化してしまっていることの影響もあるのでしょう。

まずは、このような流れがあるという事実を、知っておいてもらえたらと思います。どれだけテクノロジーが発展したとしても、人間にとって「拒絶」されることが心の痛みを伴う体験なのであれば、きっと人間はこの先もつらいままなのかもしれません。

健康な社会を考える上で、企業は人々のウェルネスに対して、どこまで真摯に向き合えるのかが問われていると思うのです。

ウェルネスがトレンドになってきて「売れる」から、偽サイエンスを使ってでも、目先の売上をあげようとするのではなくて、そもそも人にとっての「健康」ってなんだっけ？と深く洞察することが大事なんです。

社会的処方箋

ソリューションを超えて、人を癒せるか

先ほどお話ししたように、ウェルネスが「売れる」マーケットになってくるにつれ、明確に分けられていた医療とその他の隣接する分野の関係が大きく変わりつつあります。**メンタルヘルスや、従来の製薬会社のマーケットと、それに隣接していた食品や、美容のマーケットとの境界が、どんどんとクロスオーバーしてきている**のです。

例えば、先述のように、社会経済的な要因（人間関係やお金）こそが、病気に与える影響が一番大きいことや、日々の食品や美容サプリで乳酸菌を取ることがメンタルヘルスに寄与することなどがわかってくると、逆に医療側に求められることも変わってきます。

ウェルネスやメンタルヘルスといった大きな価値観の変化や、新しい研究成果が世の中に知れ渡っていく中で、医療側の再定義も進んでいるのです。

例えば、私が注目しているのが、**お医者さんが出してくれる「処方箋」の中身が変化していること**なんです。

従来、医師から出してもらう「処方箋」といえば、薬に限られていました。しかし、最近のアメリカやヨーロッパの事例を見ていると、医師の処方が薬だけではなく、食事や公園で散歩をするようなことをすすめたり、はたまた孤独を解消するためにNPOに行くことや、文化に触れることなどを提案する「社会的処方」を行うケースも増えてきているのです。

『The Doctor's Kitchen』という著書で有名になった英国人のルピー・オージラ氏は、ちょっとユニークな医師として知られています。

彼の新刊『Eat to Beat Illness』では、栄養価の高い食材の臨床的効果を解説し、食べ物が病気を予防したり、寿命を延ばしたり、気分を変えたり、さらにはDNAの発現にまで影響を与えることを紹介しています。特にがん、うつ病、糖尿病、アルツハイマー病、ストレスの管理と食事を関連づけています。レシピには、バングラデシュのタラカレーや、日本のとうがらしミックスなどが紹介されているんですね。

医師の教育も変わってきています。アメリカのジョージ・ワシントン大学の医学部の授業では、学生に、「健康的な料理のつくり方」を教えています。薬の処方だけではなくて、食事をどう処方すればよいかを医師は知っておくべきだ、という考えに基づいているんですね。料理が上手なお医者さんがいたら、人気になりそうですよね[※96]

「処方箋」の未来

「心の健康」を実現するために、「文化」に触れてもらうという取り組みもあります。

英国では、NHS（ナショナル・ヘルス・サービス）が中心となって、新しい社会的処方として「文化」に重きを置こうとする動きがあります。

例えば、キングス・カレッジ・ロンドンとUCLは、2019年10月、身体的および精神的健康に、アートがどのように寄与するのかを研究する世界最大の研究プロジェクトを開始しました。産後うつに苦しむ母親向けの歌のグループや、パーキンソン病の人のためのダンスクラスなどの活動の効果を検証しています[※97]。

ほかにも、2019年9月に米国国立衛生研究所が立ち上げた「Sound Health」というプロジェクトにおいて、音楽がパーキンソン病などの神経疾患の症状をどのように緩和するかを調査しています。

ジョンズ・ホプキンス大学の「Center for Music & Medicine」も同様の研究を行っています[※98]。

基本、医師の仕事は、すでに病気になってしまった人の治療がメインですが、今後は、予防にあたるところも含めて、さまざまな仕事の活動範囲が広がってきているんですね。

日本でも、精神科医で「ひきこもり」研究や文化に関する論考で著名な斎藤環氏が

「オープンダイアローグ」という、カウンセリングのアプローチを熱心に紹介しています[※99]。

従来の医師と患者の関係、いわば「治す人」と「治してもらう人」という、ヒエラルキー関係ではなく、**対等に対話をすることで、人は「癒される」ことがある**のだということです。

心の悩みは、結局、薬だけじゃなくて、人に聞いてもらったり話したりすることで、大きく変わることもあるんだということです。

薬は、一時的につらい気持ちを減らしてくれたり、眠ることを助けてくれたりと、「ソリューション」にはなりますが、人から励まされたり、慰めてもらったり、共感してくれたりするような体験までは提供してくれません。

やはり、**人間は社会的な動物であり、「慰め」って必要なんだろうなと思います。**その「慰め」を、企業がどのように行っていくかを考えることも重要になりそうです。

信念と勇気と優しさが支持される時代へ

本章を通して、支持されている企業の取り組みや支持されている理由、その背景となるインサイトを、実際の事例を交えてお話ししてきました。

改めて「評価されている」企業やブランドを調べると、共通しているのはいずれも**信念と勇気と優しさを持って、ダイバーシティや、ウェルネス、サステナビリティに取り組み、ブランドのストーリーを語っている**ということです。

サスティナビリティも、ナイキは「潔く」やりきっているし、Blumeには「優しさ」がありました。なんだか、オズの魔法使いの勇気、心、知恵みたいな話ですけど(笑)。

「よいブランド」には、奇をてらった必殺マーケティングなど、別にいらないようです。それよりも、真っ向勝負で、潔く環境に貢献したり、ブランドとしてのリアルな姿を見せたりする姿勢が求められていると思います。今、必要とされているのは、分析能力よりも、共感能力なんです。

時代は複雑ですが、**ブランドに問われていることは非常にシンプルで、「あなたのブランドは、ハートを強く持ってそれをやってるんだっけ?」ということです。**

SNSが普及して、ブランドは製品や広告だけではなく、社員の振る舞いや、コミュニティに所属している人々、経営者まで全部見えるようになっています。お客さんから見たら、この会社に信念があるのかないのかが、一目瞭然なんですね。

ブレずにやりきるナイキの勇気

信念と勇気と優しさといえば、例えば、アメリカンフットボールの選手でコリン・キャパニック選手をアンバサダーに起用した、ナイキの勇気ある行動(ここではあえて、〝キャンペーン〟とは言いません)を思い出します。

2018年の話ですけれど、コリン・キャパニック選手が、有色人種への差別に抗議するため、アメリカンフットボールのハーフタイムで、国歌斉唱の時に歌わなかったという〝事件〟が起きました。

これは、アメリカ人にとっては、相当なスキャンダルで、タブーにあたる行為です。

NFLはその行為を全面禁止にしていたこともあり、彼は、所属していたサンフランシスコ・フォーティーナイナーズとの契約を切られてしまいます。

キャパニック選手はクォーターバックとして非常に優秀な選手で、キャリアの継続を望んでいたわけですが、結局解雇されました。実は、それくらい「重い」ことをしてしまったんですね。彼は、それくらいに勇気を奮い立たせて、差別に「Ｎｏ」と言ったわけです。その後の展開は、みなさんもご存じの通りです。ナイキは、次の広告塔に彼を起用しました。"JUST DO IT"の30周年キャンペーンを含めて。

その時の広告コピーは、**「何かを信じろ。」**でした。まさに勇気と信念、そして、人々の心に訴えかける優しさがあります。

当然、アメリカの保守派は、このナイキの行動に怒り狂ったわけですが、ナイキの信念は全くブレなかったのですね。多くの人たちに何かを言われても、キャパニックの信念を、ナイキは支持するという姿勢を保ち続けました。

また、信念と勇気と優しさという意味で、ずっとブレないなと思うのは、やはりパタゴニアですね。

パタゴニアは、ブラックマンデーという、国民的セールの日に**「自分たちのプロダクトを買わないでください」**というメッセージの広告を出しました。

セールだからといって、なんとなく洋服を買うのは、環境にとってよくないことなので、吟味して買うように、というブランド側の強い信念と勇気があるメッセージを広告を通して表現していました（結果、評判が上がって売れるという矛盾まで、パタゴニアは計算していたのかはわかりません）。

逆に、「イケてる」と思われているブランドでも、ちょっとでもブレたことをやったらすぐに批判が集まるということも知っておきたいところです。

例えば、Ｄ２Ｃの中でも、最も成功したブランドにGlossier《グロッシアー》があります。Glossierは、どちらかといえばＺ世代よりもミレニアル世代に人気のブランドです。

そこで多分、ちょっとマーケットを拡大したいと考えて、Ｚ世代向けのラインとして、「Glossier Play」というシリーズを出したんですね。キラキラしたパッケージでＺ世代の好みを狙ったわけです。

しかし、このパッケージが環境に配慮されていなかったことに対して、怒った消費者からＳＮＳ上で批判が集中したのです。結局、「Glossier Play」は一時発売中止に追い込まれ、パッケージを変えることになりました。

いくら、「イケてるイメージ」を持っていたとしても、振る舞いとして、「ぬるい」ことをしたら全く許されない、ということですね[※100]。

今、**人々に嫌われるのが、全方位的で玉虫色の回答をするようなブランド**なんだと思います。「みんなに好かれたい」そして「現実はこうなんだから仕方ない」という居直りの態度がみんなに嫌われるというか。

「こういうの好きなんでしょ」と場当たり的にコミュニケーションをされても嬉しくないんですよね。

圧倒的な希望としてのホープパンク

信念といえば、コンテンツ業界では「ホープパンク」という言葉が注目されています。「パンク」と聞くと、一般的には、反抗的、反社会的という意味で使われます。

基本的には「世の中の大人たちがつくってきた制度に中指を立ててやる！」というようなかたちで、先行世代や、エスタブリッシュメントへの反抗的な態度を取ることがパンクです。

しかし、現代の社会はこれまでお話ししたように、コロナや政治不信、経済不安、それに人間関係の悩みによって、メンタルヘルスの問題が前傾化してきています。

だから、**この時代に対する一番の反抗的態度は「圧倒的な希望を持つこと」なんですね。**つまり、不信や不安、暗さに対して、「馬鹿げているような希望」を持つことがパンクのスタイルとして、かっこよく見えるわけです。

このホープパンクという言葉は、元は作家のアレクサンドラ・ローランド氏が、たまたまtumblr《タンブラー》に載せた言葉なんですが、思わぬバズが起こり拡散した概念です［※101］。

たしかに、言われてみれば、コロナ以降、日本で流行したコンテンツを並べても、『鬼滅の刃』あたりは、ホープパンクなのかもしれません。

大人が語る希望が嘘くさいのならば、若者は圧倒的な、そして馬鹿げた希望を描く。

もしかすると、グレタさんのスピーチ内容や、『人新世の「資本論」』などの若い思想家から出てきた思想やビジョンも、私のようなスレたおっさんからすれば、「いやいや、わかるけど、ちょっと主語がでかくない？　リアリティなくない？　現実的にどうするのよ」と思うのですが、彼女や彼の提出するビジョンも、ひとつの「ホープパンク」なのだと思えば、こうした「理論＝物語」が熱狂的に求められているのもわかる気がします。

「構成的理念」と「統制的理念」

かつて、哲学者のカント（と、その考えを引き継いだ柄谷行人）は、理念を2つに分けて、「構成的理念」と「統制的理念」に分類しました。

現実から積み上げていった理念が「構成的理念」です。これは会社の目標なんかを立てる時に、実現可能性が想定されて、プラクティカルに積み上げられた理念。株主からも「うむ、それなら実現できそうだね」と合意を取りつけられるような理念です。

一方、もうひとつの理念が「統制的理念」。これは、絶対に不可能であるけれど、究極の目標を指し示した理念です。例えば、「永遠平和」とか「世界政府」など。

今の現実の社会では、「夢みたいな理想＝統制的理念」を語ると、すぐに反論やクソリプがやってくるようなことが増えてしまっているように思います。

すべての発言に「それ、なんかデータあるんですか?」とエビデンスが求められる。

しかし、実は、偉大な哲学者のカント（＝柄谷行人）は、**理念としてどっちが重要かと言ったら、「構成的理念」よりも「統制的理念」の方だと言うわけですね。**

これは、絵画で例えると紙の上に存在しない無限遠点、つまり「消失点（バニシングポイント）」を1点置くからこそ、二次元の紙にも立体的に絵画が描けるようになるのと同じです。「消失点」のように不可能な理念（究極のゴール）があるからこそ、自分たちが今、どこの地点に立っているのかが立体的に見えてくるというわけです。

カントが「永遠平和」という「統制的理念」を考えていたからこそ、ＥＵは生まれたわけです。

そういう見方をすれば、グレタさんや、斎藤幸平さんの掲げる「理念」や「理想」に対しても、冷笑的になってはいけないのかもしれません。

今大人たちが希望を失い、現実は変えられないと、冷笑的になっているからこそ、理念が必要なのです。

実は大人たちこそ、その先の次の世代に向けて、理念としての希望を語れないと、若い人たちも一緒に何か活動してくれるようにはならないと思うんです。

自分のことで、いっぱいいっぱいになっている場合ではないのかもしれません。

世界のマーケターは何を考えているのか？　という問いに対して、第1章では、マーケティングの存立の理由を考えることが重要だと話しました。

本章を通して見えたのは、マーケターは、マーケティングの外に出て、希望を見つけ、そして信念と勇気と優しさを持って帰ってくることが何より大事なんだということでした。

コラム　デジタルは、偶然性を生み出せるか？

とある有名なコピーライターの人から聞いた話ですが、彼が思想家の吉本隆明氏に会った時に、「いい会社ってなんですか？」と質問したことがあったらしいんです。すると、吉本隆明氏は「会社の近くにいい感じの喫茶店があって、上司の愚痴を聞いてくれる先輩がいること」と答えたそうなんですね。

日本を代表するような、優れた思想家の答えとして、深いのか、浅いのか、一見するとちょっとわからない言葉ですね。

私なりにこの答えを深読みして、無理矢理、意味を見出すとすれば、会社の近くに「喫茶店」というアジール（避難所）のような場所があり、そこで先輩に「愚痴」を聞いてもらってメンタルケアをしてもらいつつ、「思わぬヒント」がもらえることがいい会社の条件として重要なんだということです。

コロナの影響で、出社しなくなると「喫茶店」のような場所にも行きづらくなり、「愚痴を聞いてくれる先輩」との時間もなくなり、「意外なヒント」をもらえる機会もなくなってしまっていました。

ズームやチームスを使えば、一応は、打ち合わせができますが、これらのツールは、決められた時間に決められたメンバーだけが集まって、予定されている資料をベースに情報共有をするだけなので、実は喫茶店でのコミュニケーションのようなことが、起きません。

リモートワークの一番の問題は、これまで、普通に会社にいけば起こり得ていた「そう言えば、あの人紹介するよ」なんていう展開や、オフィスですれ違いざまに「あ、お久しぶりです。最近どうすか?」のような「ちょっとした偶然の会話」がなくなってしまったことにあります。短期的にはそれでもいいのですが、実は長期的にみれば、これは結構きつい。

例えば新入社員が、ずっと直属の上司とだけコミュニケーションしている場合、うまくいかなくなると完全に八方塞がりになってしまうわけです。

それが隣の部署の頼れる先輩とつながりがあれば「最近うまくいかなくて」と相談した時に「あー、その人なら、あの部署のあの人を先に巻き込んでおけば、だいたいオッケーだよ」と教えてもらえるわけですが、その機会がごっそり失われている。

偶然性(セレンディピティ)が会社になくなっているのです。

今「ジョブ型」という殺伐感溢れる言葉が流通し、「やることだけやって、成果出したら他は知らん」と考える人が増えてきている中で、そもそも会社に集まる理由がなくなってしまいました。しかし、それで本当にいいのか？

「会社」という漢字の「会」とはなんなのか？　考えると、結構深いです。人と会わなければ、会社ではないのではないか、と思います。

ちなみに、私は雑談ができなかったり、後輩と「ちょっとサボってお茶しようぜ」みたいなことができないなら、社会人人生は、めちゃくちゃつまらなくなると思っています。サボってばかりの社員も困りものですが、要は程度問題ですよね。

今だから言えるんですけど、私もサラリーマン時代、とある有名編集者の方に、よく仕事の相談に乗ってもらっていたんですね。

その方には、仕事やカルチャーについて、本当にいろんなことを教えていただいたんですけど、基本は「ヒロタ君、お茶行こうよ」と誘ってもらうところから始まるわけです。

今思えば、そこで教えてもらった話は滅法面白かったし、後々、仕事でとても役にたったんです。ずいぶん叱られたこともあったんですけど（苦笑）。

でも、面白い話をいっぱい知っている先輩と雑談をしながら、仕事の「見立て」を学べる時間は、最高の学びではあるんですよね。

これは、計画的な打ち合わせばかりしていても、絶対にありえないことです。今の自分の仕事が成り立っているのは、その「雑談」にこそヒントがあったからなんですよね。

だから、コロナで人と会えないというのは、とてもしんどいと思います。なんとか、デジタルでも「喫茶店」的な場所や「キャンプファイヤー」ができる場所が出てくるといいですね。

Winner includes all

多様な価値観を受け入れ、全く違う発想が出てくるような
プラットフォームのあり方

教育

消費者と一緒に学び、成長していく関係をつくるときに用いられる手法

組織としてのダイバーシティ戦略

「全く違う視点を取り入れた」組織自体がクリエイティブのクオリティを高める

ウェルネス

体、心、スピリット（文化やコミュニティとの関係性）の
3つの健康を実現した状態

社会的処方箋

従来の薬の提供のみならず、文化的・社会的なアプローチによる治療方法

ホープパンク

今の時代に対する一番の反抗的態度は「圧倒的な希望を持つこと」

第3章 コミュニケーション・エンゲージメントの潮流 KEYWORD & SUMMARY

コミュニティ

消費者にとって、情緒的な安心感や特別感を得られる居場所

デジタルキャンプファイア

デジタル上で、限られた人たちとゆっくり過ごせる場所

Domestic Cozy

友人や家族に感じるような温かさやアットホームさを重視する考え方

メタバース／マルチバース

ＶＲやＡＲを用いて、より現実世界に近づけたデジタル仮想空間

カルチャー戦略

顧客に直接アプローチするのではなく、カルチャーを介してつながる戦略

エンタープライゼーション・オブ・ザ・コンシューマー

コンシューマー（消費者）を起業家にする意味。
もしくは、そこから生まれるエコシステム

エフェメラルマーケティング

「今、ここでしか買えない」という限定感を出すことで、
ユーザーを惹きつける手法

終章

これから、マーケターは何をすべきなのか？

さて、ここまでマーケティングの置かれている位置づけ、Z世代のインサイト、それからソーシャルイシューや、それに対するブランドの実践事例をお話ししてきました。終章では、個としてマーケターにできることは何なのかを、考えてみたいと思います。

ひとりのマーケターとして、できること

ここまで、世界中の企業やブランドのさまざまな取り組みを紹介してきましたが、視点を「個」に移してみた時、これから、マーケター個人としては何ができるのでしょうか。

今、日本企業で働くマーケターの業務内容を考えると、それこそバーンアウト寸前になるくらい、追い詰められている人が多い印象です。

実際、私もさまざまなクライアントのマーケターと一緒に仕事をさせていただいていますが、「毎日、快調です」みたいな人って、あまり会ったことがありません。

本書を手に取った人も、売上目標、社内の意思決定、ステークホルダーとの関係、顧客との関係などが複雑に絡んで、がんじがらめになっていて、なかなか身動きが取れない人もいると思います。今さら、グレーバーに「ブルシット」とか言われても、急に仕事はやめられないしな、という人が大半ではないでしょうか。

建て増しに建て増しを繰り返して、カフカの小説並みに迷宮化した社内システムを使いながら、高速ＰＤＣＡを回すことを求められ、四半期どころか、今日、明日の売上を必死

で追いかけないといけない。

効率化の名の下に、人間関係も希薄化し、大きな仕事のつくり方を教えてくれる先輩もいない。本質は変わらないのに、バズワードだけが増加していく。

コロナのせいで研修もままならず、実はリアルではまだ会ったこともない「Z世代」の新入社員。会社の同期は、どうもビットコインで大儲けしたらしく、すでにFIREとか言い始めているし、優秀な先輩は希望退職者制度でどんどん会社をやめていく。

今日もズームの調子が悪く、資料共有もままならない。さっきまで上司が掲げていた手段が、すでに目的になっている。

気がついたら、ゴールがいつも変わってしまっている。

あれ、なんのためにこの資料つくっているんだっけ？　とふと虚しくなる。

でもやめられないし、進むしかない。

結果、「1行で売れるコピー」とか「最速」とか「逃げ切り」とか、そんなキーワードがビジネス書の棚に並ぶのも仕方ないのかもしれません。たまったもんじゃないですよね。これ以上、できないところまできているのに、「もっと速く」が求められる。これが、多くのマーケターの日常です。

しかし（しかし！）私としては、マーケターは現状のややこしさをグッと飲み込み、まずは、**扱っているプロダクトの売上が成り立っている条件、市場が存立するための条件そのものに向けて、深い問いを立ててみること**が、大事なんじゃないかと思っています。

面倒だけど、そこから考えないと、この先、本当にバーンアウトしてしまいます。スローフードがあるなら、スローマーケティングがあってもいいじゃないですか。

世界を見渡せば、同じマーケターたちが奮闘している姿が見えてきます。いろいろな矛盾を抱えながらも、少しでもいい会社、いいブランドをつくろうとしている人たちはいっぱいいるのです（それを本書ではたくさんリサーチして紹介してきたつもりです）。

ところで、哲学者の鷲田清一氏の著作に『「待つ」ということ』という本があるのですが、その本の中で、ビジネス現場で使われている用語を分析・考察した興味深いエピソードが入っています。

鷲田氏は、ビジネスの現場でよく使われるキーワードの「Pro」という言葉に注目し、考察を深めています。ビジネスの現場では、プロモーション、プロフィット、プロデュース、プロジェクト、プログラムなど、「プロ」がつきがちです。鷲田氏は、これらの用語に注目しつつ、その「語源」を辿りながら考察していくのですが、「プロ」という言葉は、ギリシア語やラテン語の動詞に使われる接頭語に行き着くと述べているんですね。

ちょっとだけ引用してみましょう。

「ここでポイントになるいくつかの用語を英語になおしてみる。プロジェクトはプロジェクトであるが、次に利益はプロフィット、見込みはプロスペクトである。計画はプログラム作りと言いかえることができる。生産はプロダクション、約束手形はプロミッソリー・ノート、進捗・前進はプログレス、そして昇進はプロモーション。なんと、「プロ」という接頭辞をつけたことばのオンパレードである。これらはみな、ギリシャ語やラテン語の動詞に「プロ」という接頭辞（「前に」「先に」「あらかじめ」という意味をもつ）がついてできた言葉である。順に、「前に・投げる」「前方に・作る」「前を・見る」「先に・書く」「前に・引き出す」「前に・送る」「前に・進む」「前に・動く」……。要するに、すべてが前傾姿勢になっている。あるいは、先取り的になっている。そして、先に設定した目標のほうから現在なすべきことを規定するというかたちになっている。」（鷲田清一『「待つ」ということ』ＫＡＤＯＫＡＷＡ／角川学芸出版、２００６年［※1］）

つまり私たちは、言葉の語源的には「目先のことばかり見ている」状態で仕事をし続けているということです。目の前にＫＰＩをぶら下げられていて、周りが見えなくなっている。

であれば、今、**私たちマーケターに必要なのは、一旦「視座をあげてみる」「見晴らしをよくする」ことなんだと思います。**

顔を上げて、ちゃんと考える時間を持ち、仕事のアウトプットと、アウトカムをきちんと明確にする。パーパスをきちんと設定する。

そうすれば、自分たちがやらなければならないこと、やれること、やめるべきことが見えてくるはずです。

だから、まずは、前傾姿勢で猫背になっている体勢を直して、顔をあげ、胸を張って、深呼吸してみることが大事だと思います。

顔をあげることで、初めてお客さんの顔も見えてきます。

自分たちのプロダクトを買ってくれている、あるいは、関わってくれている相手の顔を見て「どういうことに安心感がある？　どうすれば持続可能だと思う？」と、話しかけてみる。そうすることで、初めて「売上を達成する」という目標に「生身の人間の感情」が伴ってくる。

やりがいが見えれば、そこに信念も持てるし、ブレてはいけないもの、守るべきものに対する責任や勇気も湧く。買ってくれているお客さんへの優しさも持てる。

そうして、次第にマーケターとしての、自信を取り戻してくるはずなんです。

あなたの扱っているプロダクトが食品なのであれば、食を取り巻く環境を、アパレルなのであれば、アパレルを取り巻く環境を、なるべく広く捉えてみましょう。

よくよく観察すれば、どんなブランドにも、さまざまな社会問題や文化との接点が見えてくるはずです。

顔をあげ、目の前の仕事の外部に「つながり」を見つけられたら、そのつながりを手繰り寄せていくことで、あなたの仕事にどんどん意味を与えてくれる視点が得られていくと思います。

補助線が引ければ、すっと答えが導ける幾何学の問題のように、マーケティングの難問には、外部から補助線を引いてみて、マーケティング側に「人々の気持ち」を手繰り寄せてみて欲しいのです。

仕事をする意味を感じられなくなるのが、バーンアウトの状態だったとするならば、視座をあげて社会や文化から引かれた補助線を見つけてみましょう。

それが、好奇心や、パーパス（意味）を与えてくれるはずです。

データの向こうに、人がいる

今、マーケターはとにかく「生き残りたければ、デジタルマーケティングのスキルをつけろ」ということがいわれています。でも、私はそれではまだ半分だと考えています。パーパスを持たないマーケターがデジタルのスキルだけを身につけたとしても、そこにやりがいは感じられないと思うからです。

私は大学が理系（工学部）だったこともあり、前職の広告会社では、一時期、果てしなくデータ解析の仕事をやっていました。複雑な統計解析もずいぶんやりました。

データの分析については、当時誰よりも頑張ってやっていたという自負がありますが、解析を通して悟ったのは、「**このデータも結局は、誰かが心を動かした結果、行動した結果の痕跡なのだ**」という当たり前のことなんです。

データ自体は何も語りません。ただの数字です。集計の仕方によって、切り口のセンスは問われることはありますが、大事なのは、データの先には誰か人がいて、その人の心が動いているから、データに動きがあるのだ、ということなんです。

そこに、どれだけ敏感になれるか、想像し、共感できるかが、良きデータアナリストの条件なのでしょう。すなわち、**良きデータアナリストは、統計の知識と共に、データを動かしている「人」の心の動きにも敏感にならなくてはならないのです。**それは、統計の勉強だけでは身につかない。

いつもマーケティングの本ばかり読むのではなくて、お客さんと会って話してみる。小説や映画、ドキュメンタリーや歴史に触れてみる。旅先で見つけたものにヒントを探してみる。マーケティングの勉強ばかりせず、もっといろんなものに触れてみる。

どこかに、社会や政治、環境や文化との接点、本質的な課題の断片があるはずです。

たまに、仕事の現場で、マーケティング用語をバッチバチに使って説明する人がいます。ある意味、専門家として立派だなと思うんですが、私は、「何か言った気になれる専門用語」こそ、怖いものはないと思っています。客観的で正確なデータを持っているかもしれないけれど、そこに**「どういう声を聞き取るか」**が問われていることを忘れてはいけません。実は、マーケティング用語で語る人ほど、マーケティングから遠ざかっているように見えるんです。もっと自由であっていいのに。

「手触りがない言葉」をいったん捨てて、その言葉が人の心にどう寄り添っているのか、あるいはマーケティングの外の「何か」と接点を持つのかを考えることが大事だと思うんです。心が動かないマーケティング施策では、結局結果が出ないんですよね。

D2Cで、サブスクモデルの事業があったとして、CPAとLTVを比較して、LTV

が高いなら、広告をもっと投下せよ、という判断は投資家としては「正しい」ですが、マーケターとしては、そもそも、「ライフタイム」とは？　「バリュー」とは？　と、言葉の定義自体を、ちゃんと考えてみたいところです。

消費者の意識から、製造のあり方、社会へのインパクトや文化との接点まで、さまざま考えていけば、必ずどこかで、マーケティングの用語に還元しきれない、社会課題や、文化に接続する「特異点」のようなものに当たると思うんです。

そこで見つけた特異点の紐を少しずつ手繰りよせていくと、次第に、マーケティングの外の世界とのつながりが見えてきます。そこでやっと社会や文化、環境、リアルな生活が見えてくる。そこに、おそらく「インサイト」があり、ブランドのストーリーテリングの「コア」が見えてくるはずです。

環境やダイバーシティ、パーパスというと、どこか説教くさいと感じてしまう人もいるのではないかと思いますが、マーケター自身が、確実な「インサイト」を見つけられているのであれば、それは説教ではなく、「ワクワク」する物語になるはずなんです。

パーパスがお題目でなくなった時、それは「生きがい」に変わるかもしれません。

アクティビズムで有名なパタゴニアやLUSHの人たちも、正義を振りかざして「説教をしたい」わけでは当然なくて、少しでも現状を変えていくことに「喜び」もあるからこそ、持続的な活動ができているのだと思います。

正しくても、楽しくなければ、パタゴニアの人も、ＬＵＳＨの人もどこかで心が折れてしまいますよね。お客さんだって、共感できる物語でなければ乗ってきません。

やはり、正しさだけでは人は動きません。

楽しさや、魅力ある物語をマーケターも見つけられないと、動くことができません。

だから、**まずはマーケターが、自発的に問いを立てて、やりがいを見つけてほしい。**

スーツを着た中年の人たちが集まって、ｅスポーツ市場がこれから伸びそうだから、我が社も参入しようみたいな話が立ち上がったとします。

でも「メンバーの中で、誰もｅスポーツやってないじゃん」みたいな悲劇が起きつつあるなら、まず、自分が率先してｅスポーツを楽しんでみる。

プレイしてみて、他のユーザーに負けた悔しさや、エモートを買ってみて、ちょっと笑っちゃった体験を味わってみる。ゲームはバーチャルだと思っていたけれど、実はリアルな社会がそこにあって、承認欲求がとても満たされる場所だったという気づきを得てみる。

そこで得たあなたオンリーの感覚、手触りだけが、実践的なマーケティングにつながっていくと思うんですよね。

詩人・茨木のり子さんも、かつてこういう作品をつくっています。

「ぱさぱさに乾いてゆく心を
ひとのせいにはするな
みずから水やりを怠っておいて

気難かしくなってきたのを
友人のせいにはするな
しなやかさを失ったのはどちらなのか

苛立つのを
近親のせいにはするな
なにもかも下手だったのはわたくし

初心消えかかるのを
暮しのせいにはするな
そもそもが　ひよわな志にすぎなかった

駄目なことの一切を
時代のせいにはするな

わずかに光る尊厳の放棄

自分の感受性くらい
自分で守れ
ばかものよ」

（茨木 のり子（著）萩原 昌好（編）藤本 将（画）／『日本語を味わう名詩入門16 茨木のり子』2013年）

人の気持ちに気がつくためには、まずは自分の心が動いている状態＝感受性が必要なんです。マーケターは、まずは自分の心に水をやるのを忘れてはいけません。

カラカラに乾いたデジタルマーケティング用語に、ちゃんと水をやりましょう。世界、社会、文化と関わること、具体的な誰かと関わることを通して、あなたの感性に水をやるのを怠らないようにしましょう。

私は、第3章の最後に、「信念、勇気、優しさ」こそが、これからのブランドに必要な態度であると言いましたが、これらの精神は、当然、自分ひとりでは持てないんですよね。信念も、勇気も、優しさも、スタンドアローンで湧き上がるものではなく、他者との相互的な関わりの中で立ち上がってくるものです。

対話の中で、「**あ、この人、こういうところで悩んでいるんだな**」と気がつくこと。

そういう小さな感情を大切にすることが、やがて信念や、勇気や、優しさにつながるんだと思うんです。**大きな話も、まずは小さな共感や驚嘆から始まるのです。**

マーケターは、自分の感受性がカラカラに乾いているのを、会社の事情や、制度のせいにせずに、自ら水をやる（誰かの心の動きを感じる）習慣を身につけたいものです。

そしたら、きっと問うべきことや、学ぶべきことなどが明確になってくるはずです。

対話と問いを繰り返す中で、意味はつくられる

これからのマーケターは、大きな声で怒鳴りつけるのではなく、誰かの小さな心の動きや違和感にこそ、耳をすます必要があると思います。

話をする前に、話を聞く。「なんで私に似合うファンデーションがないんだろう」「安全な場所でスケートボードを練習したいな」、「いつか服のデザインをやってみたい」……。この本で紹介した「支持されているブランド」の事例の多くが「誰かが感じた小さいけれど、リアルな声」から始まったものばかりです。

第1章で、「マス的な平均は存在しない」と話しましたが、今後マーケターは、小さな声に丁寧に向き合っていくことで、共感の輪をつないでいくアプローチが重要でしょう。

小さな声に耳を傾けることは、多分、AIに奪われるような仕事ではありません。だから、**しっかりと耳を傾けて、自分たちにまず何ができるのかを考えましょう。**

口うるさくまくし立てるよりも、注意深く観察し、傾聴すること。

正しいことをやらなければならないと思って、自分の机で悶々とするのではなく、旅先で仲良くなった人から聞いた話や、喫茶店で隣の人が話している雑談から、課題解決を考えたりするようなことがあってもいいじゃないですか。

そういうことを、あえて「遊び」と言っていいなら、**マーケターはもっともっと「遊び」に出かけるべきなんですね。**もちろん、旅だけではなくて、読書でもいい、外部に出ていくこと。「外を知る」のは、「自分たちを知る」ためでもあるということも意識して。

ちなみに、2017年にノーベル文学賞を受賞したカズオ・イシグロ氏はあるインタビューの中でこういう話をしています。

「俗に言うリベラルアーツ系、あるいはインテリ系の人々は、実はとても狭い世界の中で暮らしています。東京からパリ、ロサンゼルスなどを飛び回ってあたかも国際的に暮らしていると思いがちですが、実はどこへ行っても自分と似たような人たちとしか会っていないのです。

私は最近妻とよく、地域を超える『横の旅行』ではなく、同じ通りに住んでいる人がどういう人かをもっと深く知る『縦の旅行』が私たちには必要なのではないか、と話しています。自分の近くに住んでいる人でさえ、私とはまったく違う世界に住んでいることがあり、そういう人たちのことこそ知るべきなのです。」(倉沢 美左「カズオ・イシグロ語る『感情優先社会』の危うさ」東洋経済オンライン、2021年3月4日 [https://toyokeizai.net/articles/-/414929])

カズオ・イシグロ氏は世界中を飛び回って自分と似たような「インテリの人たち」と会うのではなく、むしろ地元を回って、いろいろな考え方の人がいるということをちゃんと観察しようと言っています。何も、どこか遠くにでかける必要はないんです。

むしろ、近くて遠い他者は、身近なところにいるんです。本書は、遠く離れた海外の事例を多く入れてはいるものの、私は同時に、今の「日本」への関心がずっとあります。

海外の孤独の問題を論じながら、同時に、中学校時代、突然引きこもって学校にこられなくなってしまったN君は、今どこで何をしているのか、ふと考えたりしていました。

意識高い系マーケターは、多様性を謳いつつ、実は身近な人たちから逃げがちです。向き合うべきは、まずは一番近くて、一番わかりにくい存在、つまり、自分という他人なのかもしれません。

マーケティングに、正解はありません。少しでも、他人の声に敏感になれるように、パーパスを見失わないように、何度も何度も、本質に立ち返ればいいのだと思います。

フランスの啓蒙思想家のヴォルテールの小説『カンディード』では、主人公は、世界中で、数々の大冒険をして、ひどい目にたくさんあい、ボロボロに傷ついて帰ってくるんですけど、最後に、こう言います。


それでも、私たちは私たちの畑を耕さなければならない。


マーケターとして、みなさんは、これからマーケティングという畑を、どのように耕すのでしょうか。世界の企業の事例を旅してきた私たちは、ここに帰ってきて、まだまだやるべきことがありそうです。

燃え尽きている場合ではなく、さあ一緒に、足元の畑を耕すことを始めましょう。

おわりに

明日を粘り強く、変えていく

今、日本の企業で働くマーケターの自己肯定感が、非常に下がっているんじゃないかと思っています。

私は、ありがたいことにJMA（日本マーケティング協会）のマスターコースに毎年呼んでいただいて、講師を勤めているのですが、毎年呼ばれて感じるのは、マーケター自身が相当にバーンアウトしているということです。

それは、年々ひどくなってきている気がするんです。

正直、もう、ヘトヘトになっている。

このJMAのマスターコースというのは、日本の錚々《そうそう》たる企業から優秀な社員が派遣されていることで有名です。みなさん、マーケティング業界を引っ張っていく未来のリーダーの方たちばかりのはずなのに、とにかく、みんなつらそうなんです。

講義の序盤は、疲れ切った表情であくびをしながら、ぼんやりしている人、後ろで寝ている人、こそこそ内職して会社のメールを返してる人……。朝の時間に講義をしているからというのもあるのかもしれませんが、完全にどんよりしているんですね。

私は、あまり空気を読まない性格なので、ついつい（年上の受講者の方も多いのですが）、ちょっと説教をしてしまいます。

「みなさん、マーケターって、実は、すごくクリエーティブだし、最も面白い仕事なんですよ！　なりたくてもなれなかった人がたくさんいる職種なんですよ！　みなさんの態度が、そんなんだと、正直、日本経済も暗くなっちゃいますよ。

マーケティングだって、日本の文化や社会の一部を担っているんです。

環境問題にだって、アクションを起こせるし、人々のモチベーションをあげることもできます。後輩たちのためにも、責任を持って、みなさんが前を向いてください」

私の思いが通じているのかはわからないのですが、煽り口調で世界の最先端のブランドの事例を話していくと、次第に、みなさんも顔を上げて、楽しそうに聞いてくれるようになります。講師としては、ちょっとホッとする瞬間です。

多分、今、当のマーケター自身が、そもそもマーケティングって面白い仕事なんだということを、忘れてしまっているのだと思うんです。

また、マーケティングが、社会やテクノロジー、文化や政治と絡んだ、とてもハイレベルで、知的な営為だということも忘れられているのかもしれません。

マーケターは、売上の目標を背負わされているし、経営者や研究開発部署との間に挟まれて、基本的には、いろいろと言われる立場です。

消費者からのクレームも、マーケターに集まります。社内のあらゆる部署から挟まれまくっていると言ってもいい。しんどい気持ちも分かります。

でも、マーケターには、マーケターにしか出せないクリエイティビティがあると思うし、それを信じているから、私もこの世界で働いているんだと思います。

なかなか、プライドを持ちにくいけれど、やれることはいっぱいある。まだまだ可能性は残されている。人々の企業への期待だって高まっています。

そして、まだまだ世界は広いし、ユニークで楽しいアイデアもたくさん生まれてきているんです。今こそ、マーケティングにも、パーパスが必要なのかもしれませんね。

本書のタイトルは、『世界のマーケターは、いま何を考えているのか?』でしたが、結局、世界のマーケターだって、みんなまだ明確には答えは出せていないし、課題も山積みだし、常にもがきながら、炎上しながら、進化し続けているんだということがわかってもらえたのではないかと思います。正直、みんな、メンタルも病み気味です。

本書を書いていて一番困ったのは、ポジティブな事例として扱った人物や企業の多くは、一方で大きな批判にさらされている場合が多いということです。

だから、鮮やかに「ここはいい」と言い切れるところは1社もありませんでした。完璧な人がいないように、完璧な企業なんてありません。

でも、だからこそ、粘り強く変えていかなくてはいけないし、変えていくことに、やりがいだってあるはずです。弱さに素直になることが、これからの強さなんです。

これを機に、これから、みなさんと一緒に日本のマーケティングをちょっとでも面白く、また、「意味あるもの」にしていけたら、うれしいです。

グレーバーに論破されてる場合じゃないですよね。


本書は、クロスメディア・パブリッシングの大沢氏に最初に声をかけていただいて、すでに4年くらい経っているのですが、ようやく（本当にようやく！）書けた一冊です。相当に迷惑もかけてしまったし、力不足もあったかもしれませんが、辛抱強く励ましてくれたおかげで、なんとか、かたちになりました。心からお礼申し上げます。

また、本書で扱わせてもらった事例は、英国のスタイラス・メディア・グループのレポートをかなり多く参照しました。スタイラス・ジャパンの秋元氏に御礼を申し上げます。

そして、常に刺激的な議論や雑談をしてくれているいつものみんなにも、御礼を。

著者

巻末URL集

第1章

[※1] https://www.wwdjapan.com/articles/1176421
[※2] https://www.essence.com/beauty/michelle-obama-fenty-beauty/
[※3] https://www.vogue.co.jp/celebrity/deep-talk/2018-12-13
[※4] https://www.nytimes.com/2018/11/16/style/victorias-secret-bras-decline.html
[※5] https://www.theatlantic.com/ideas/archive/2019/08/victorias-secret-epstein/595507/
[※6] https://www.insider.com/rihannas-savage-x-fenty-fashion-show-former-victorias-secret-models-2021-9
[※7] https://www.campAIgnlive.co.uk/article/finding-mass-niche/516266
[※8] https://www.modernelderacademy.com/
[※9] https://unspun.io/
[※10] https://www.nytimes.com/2020/06/08/business/media/refinery-29-christene-barberich.html
[※11] https://www.borderless-japan.com/all/social-issue/15553/
[※12] https://hmgroup.com/news/hm-foundation-puts-eur-1-million-and-coaching-program-on-the-table-for-ideas-reinventing-the-entire-fashion-industry/
[※13] http://www.shoesmaster.jp/news/2021/04/global-climate-crisis-and-nike-by-noel-kinderchief-sustainability-officer.html
[※14] https://www.nike.com/jp/retail/s/nike-house-of-innovation-paris
[※15] https://bcorporation.net/
[※16] https://www.gizmodo.jp/2016/12/sxsw-2017-tech-under-trump.html
[※17] https://www.amazon.co.jp/dp/B09J4DT9WV/ref=cm_sw_em_r_mt_dp_CZPB5ZYKVZ1N6Y7DG99K
[※18] https://www.blackhistory.mit.edu/archive/joy-buolamwini-AI-AInt-i-woman-2018
[※19] https://a16z.com/2021/04/13/latin-america-fintech/
[※20] https://jefa.io/
[※21] https://www.netflix.com/title/81254224
[※22] https://www.tristanharris.com/
[※23] https://wired.jp/2012/05/24/jeff-bezos-interview-2012/
[※24] https://cruel.org/cut/cut200005.html
[※25] https://wired.jp/2017/04/26/berlin-report-02/

第2章

[※1] https://geomarketing.com/gen-z-will-account-for-40-percent-of-all-consumers-by-2020
[※2] https://books.bunshun.jp/ud/book/num/9784167912802

[※3] https://www.youtube.com/watch?v=kjVoa56_4x4
[※4] https://www.apa.org/news/press/releases/stress/2020/sia-mental-health-crisis.pdf
[※5] https://www.madhappy.com/
[※6] https://www.cas.go.jp/jp/seisaku/kodoku_koritsu_tailsaku/minister_message.html
[※7] https://www.ted.com/talks/guy_winch_the_case_for_emotional_hygiene/transcript?language=ja
[※8] https://kanki-pub.co.jp/pub/book/details/9784761272067
[※9] https://www.swinburne.edu.au/media/swinburneeduau/research-institutes/iverson-health/Loneliness-in-COVID-19-15-07-20_final.pdf
[※10] https://www.journals.uchicago.edu/doi/abs/10.1086/225469
[※11] https://www.hachette.co.uk/titles/robin-dunbar/friends/9781408711729/
[※12] https://callyourfriends.io/
[※13] https://www.akishobo.com/book/detail.html?id=786&ct=4
[※14] https://www.vox.com/identities/2019/7/12/20690303/aziz-ansari-sexual-misconduct-accusation-right-now
[※15] https://www.polygon.com/22405561/tender-creature-comforts-dating-app-game-ios-android-pc
[※16] https://www.apa.org/news/press/releases/stress/2019/stress-america-2019.pdf
[※17] https://www.financeiscool.com/
[※18] https://ja.m.wikipedia.org/wiki/インターセクショナリティ
[※19] https://wired.jp/2019/05/01/reiwa-editors-letter/
[※20] https://www.businessinsider.jp/post-215151
[※21] https://anxymag.com/
[※22] https://www.amazon.co.jp/dp/B01N9SHVRJ/ref=cm_sw_em_r_mt_dp_HGTB7JN7K71E75HAP4KN
[※23] https://www.kinokuniya.co.jp/f/dsg-01-9784314011570
[※24] https://www.foods-ch.com/news/press_965813/
[※25] https://yourkins.com/
[※26] https://www.who.int/news/item/28-05-2019-burn-out-an-occupational-phenomenon-international-classification-of-diseases
[※27] https://pace.group/
[※28] https://wired.jp/2019/08/01/gem-news-recommendation-app/
[※29] https://www.bloomberg.com/news/articles/2020-09-22/microsoft-develops-a-virtual-commute-for-remote-workers
[※30] https://ja.wikipedia.org/wiki/%E3%83%8D%E3%82%AC%E3%83%86%E3%82%A3%E3%83%96%E3%83%BB%E3%82%B1%E3%82%A4%E3%83%91%E3%83%93%E3%83%AA%E3%83%86%E3%82%A3
[※31] https://www.costarastrology.com/
[※32] https://wired.jp/2020/11/29/witchcraft-madoka/
[※33] https://www.struckapp.com/
[※34] https://www.netflix.com/title/80174451

[※35] https://www.pewforum.org/2019/10/17/in-u-s-decline-of-christianity-continues-at-rapid-pace/
[※36] https://www.pewforum.org/2018/04/25/when-americans-say-they-believe-in-god-what-do-they-mean/
[※37] https://www.publishersweekly.com/pw/by-topic/industry-news/religion/article/83298-faith-based-books-multiply-on-covid-19-crisis.html
[※38] https://taigu-gensho.com/
[※39] https://www.tearfund.org/en/?gclid=EAIAIQobChMIjpbOgoyT6QIViLbtCh0O-QjYEAAYASAAEgLERPD_BwE
[※40] https://premierchristian.news/en/news/article/alpha-course-sign-ups-triple-during-uk-lockdown
[※41] https://www.thinkwithgoogle.com/consumer-insights/consumer-trends/at-home-social-distance-behavior/
[※42] https://www.alabasterco.com/
[※43] https://www.instagram.com/teenbossmagazine/
[※44] https://www.tedxtokyo.com/translated_talk/how-to-sound-smart-in-your-tedx-talk/?lang=ja
[※45] https://www.newyorker.com/culture/culture-desk/tierra-whack-stretches-the-limits-of-one-minute-songs
[※46] https://fnmnl.tv/2018/09/01/58776
[※47] https://genron-alpha.com/gb055_02/

第3章

[※1] https://dime.jp/genre/677681/
[※2] https://digiday.jp/brands/why-under-armour-is-struggling-with-its-direct-to-consumer-business/
[※3] https://www.thelily.com/lululemons-namastay-put-underwear-is-gone-after-an-activist-called-the-brand-out-for-appropriation/
[※4] https://www.sweatybetty.com/understanding-the-cultural-appropriation-of-yoga.html
[※5] https://www.edelman.com/trust/2021-trust-barometer
[※6] https://www.digitalcampfires.co/
[※7] https://discord.com/
[※8] https://www.miista.com/en
[※9] https://www.instagram.com/fancyshews/
[※10] https://community.monki.com/
[※11] https://www.blume.com/
[※12] https://www.teleparty.com/
[※13] https://www.kinokuniya.co.jp/f/dsg-01-9784909281296
[※14] https://redantler.com/
[※15] https://www.patternbrands.com/
[※16] https://www.vice.com/en/article/bvz4w4/what-is-gorpcore-streetwear
[※17] https://www.gucci.com/jp/ja/st/capsule/the-north-face-gucci
[※18] https://www.elle.com/jp/fashion/trends/a33305398/cottagecore-trend20-6uy-0717/

[※19] https://www.lego.com/ja-jp/themes/adults-welcome/botanical-collection
[※20] https://www.npd.com/news/press-releases/2020/the-npd-group-reports-on-first-half-2020-global-toy-industry-sales/
[※21] https://www.netflix.com/title/80234304
[※22] https://poolsuite.net/
[※23] https://www.sidcity.net/sid-city-social-club-2/
[※24] https://www.ayanatherapy.com/
[※25] https://mccrindle.com.au/wp-content/uploads/reports/Education-Future-Report-2020.pdf
[※26] https://www.edweek.org/policy-politics/home-schooling-is-way-up-with-covid-19-will-it-last/2020/11
[※27] https://www.mext.go.jp/content/1421972_2.pdf
[※28] https://melscience.com/JP-en/chemistry/
[※29] https://www.encantosworld.com/
[※30] https://jp.techcrunch.com/2021/10/12/2021-10-11-apple-appeals-the-epic-games-ruling-and-asks-to-put-ordered-app-store-changes-on-hold/
[※31] https://www.epicgames.com/fortnite/ja/news/astronomical
[※32] https://www.balenciaga.com/ja-jp/%E3%81%99%E3%81%B9%E3%81%A6/%E8%A6%8B%E3%81%A4%E3%81%91%E3%82%8B/fortnite
[※33] https://smtown.jp/artists/aespa/
[※34] https://ja.wikipedia.org/wiki/Aespa
[※35] https://www.youtube.com/watch?v=lDehHkOU1vE
[※36] https://www.gucci.com/jp/ja/st/stories/inspirations-and-codes/article/zepeto-x-gucci https://forbesjapan.com/articles/detail/43051
[※37] https://unmatereality.com/
[※38] https://www.forbes.com/sites/katiebaron/2020/05/26/meet-ada-the-new-fashion-game-smashing-down-the-door-to-democratized-luxe/?sh=48b44f2e2250
[※39] https://youtube/N-3RFzf3q4Y
[※40] https://techcrunch.com/2020/03/12/epic-games-buys-uk-facial-mapping-startup-cubic-motion/
[※41] https://www.epicgames.com/site/ja/news/hyprsense-team-joins-epic
[※42] https://www.berlin-music-commission.de/en/mitglieder/clubcommission-2/
[※43] https://gigazine.net/news/20211004-turkey-gaming-peak/
[※44] https://www.wwdjapan.com/articles/1213718
[※45] https://hypebeast.com/jp/2021/9/kanye-west-spotted-wearing-nike-once-agAIn-news
[※46] https://hypebeast.com/jp/2017/3/supreme-louis-vuitton-2
[※47] https://raq-hiphop.com/hiphop-word-sell-out/
[※48] https://www.retailgazette.co.uk/blog/2018/10/selfridges-skate-bowl-designer-street-room/
[※49] https://www.youtube.com/watch?v=iHQx8x4JAwg
[※50] https://a16z.com/2014/07/11/from-rap-genius-to-genius-2/
[※51] https://marymarymary.shop/

[※52] https://www.ca.la/
[※53] https://www.beautonomy.com/
[※54] https://www.playstation.com/ja-jp/games/dreams/
[※55] https://stockx.com/
[※56] https://thentwrk.com/
[※57] https://jp.burberry.com/b-series/
[※58] https://www.forbes.com/sites/ogdenpayne/2019/06/27/e-commerce-platform-ntwrk-secures-backing-from-drake-and-live-nation/?sh=79c3871229a8
[※59] https://blockclubchicago.org/2020/02/05/tonys-sports-the-90s-sneaker-destination-is-back-as-a-pop-up-in-hyde-park/
[※60] https://www.vans.com/channel-66.html
[※61] https://news.nike.com/news/nike-unite-retAIl-concept
[※62] https://www.iwanami.co.jp/book/b345708.html
[※63] http://www.rideaustin.com/
[※64] https://rushkoff.com/books/throwing-rocks-at-the-google-bus/
[※65] https://kalabalik.blackblogs.org/anti-google-cafe-face2face/
[※66] https://www.tiktok.com/discover/karl-marx-communism?lang=en
[※67] https://www.uzabase.com/jp/news/alphadrive-newspicks-advertising/
[※68] https://www.kering.com/en/news/london-college-fashion-launch-world-first-open-access-digital-course-in-sustAInable-luxury-fashion
[※69] https://www.bestbuy.com/site/misc/teen-tech-center/pcmcat1530212400327.c?id=pcmcat1530212400327
[※70] https://www.cinematoday.jp/news/N0123577
[※71] https://www.cinemacafe.net/article/2017/07/19/51116.html
[※72] https://www.tvgroove.com/news/article/ctg/1/nid/36469.html
[※73] https://jp.techcrunch.com/2021/10/18/2021-10-15-netflix-fired-the-employee-who-organized-a-walkout-in-solidarity-with-trans-workers/
[※74] https://jp.techcrunch.com/2021/01/15/2021-01-13-netflix-releases-latest-diversity-numbers/
[※75] https://ampmedia.jp/2021/05/02/netflix-diversity/
[※76] https://www.youtube.com/watch?v=bTOoY5MIkvM
[※77] https://dartshtajio.com/
[※78] https://www.dezeen.com/2019/06/29/ikea-uppkoppla-gaming-accessories-design/
[※79] https://www.axismag.jp/posts/2019/06/131895.html
[※80] https://www.remoteyear.com/
[※81] https://www.amazon.co.jp/dp/B01D1GNQVY/ref=cm_sw_em_r_mt_dp_CJ0Z58AWGAPSXG8Y7P6A
[※82] https://www.forhims.com/
[※83] https://www.forhers.com/
[※84] https://goop.com/the-goop-lab-netflix/

[※85] https://well-being.nikkei.com/
[※86] https://www.bbc.com/news/health-51312441
[※87] https://minduplifter.asics.com/
[※88] https://simplifiying.com/2020/AIrline-covid19-leadership/
[※89] https://gigazine.net/news/20210219-california-decriminalize-psychedelics-bill/
[※90] https://www.cbinsights.com/reports/CB-Insights_Tech-Trends-2021.pdf?utm_campAIgn=marketing_tech-trends_2021-02&utm_medium=emAIl&_hsmi=109344948&_hsenc=p2ANqtz-9ocaXch5YIzAZUJ6NoiduSNfN288-m_hXvuiBL3QLHcSJ37hDqgf8szOpDETb7K3tJ1l-f37RS03J2LgGUShxN3M34nvsrGaEIEfGWxrc-C9AFU1o&utm_content=109344948&utm_source=hs_automation
[※91] https://www.wsj.com/articles/could-group-therapy-get-a-boost-from-psychedelics-11615395614
[※92] https://sifted.eu/articles/atAI-series-d-157m/
[※93] https://sifted.eu/articles/atAI-rAIses-125m/
[※94] https://www.myconeditations.com/
[※95] https://www.vice.com/en/article/3an9eb/investors-are-debating-who-should-own-the-future-of-psychedelics
[※96] https://culinarymedicine.org/culinary-medicine-partner-schools/partner-medical-schools/the-culinary-medicine-program-at-george-washington-university/
[※97] https://www.england.nhs.uk/personalisedcare/social-prescribing/
[※98] https://www.nih.gov/news-events/news-releases/nih-awards-20-million-over-five-years-bring-together-music-therapy-neuroscience
[※99] https://www.igaku-shoin.co.jp/book/detAIl/87749
[※100] https://verygoodlight.com/2021/01/05/glossier-play-discontinued/
[※101] https://www.vox.com/2018/12/27/18137571/what-is-hopepunk-noblebright-grimdark

終章

[※1] https://www.kinokuniya.co.jp/f/dsg-01-9784047033962

（※全て、最終閲覧日：２０２１年11月７日。今後、リンクが変更・削除される可能性があります）

こちらからも
ご覧いただけます

https://cm-publishing.co.jp/support/540624/

【著者略歴】

廣田周作（ひろた・しゅうさく）

1980年生まれ。放送局でのディレクター、広告会社でのマーケティング、新規事業開発・ブランドコンサルティング業務を経て、2018年8月に、企業のブランド開発を専門に行うHenge Inc.を設立。英国ロンドンに拠点をもつイノベーション・リサーチ企業Stylus Media Groupのチーフ・コンサルタントと、Vogue Business（コンデナスト・インターナショナル）の日本市場におけるディレクターも兼任する。独自のブランド開発やリサーチの手法をもち、多くの企業のブランド戦略立案やイノベーション・プロジェクトに携わる。著書に『SHARED VISION』（宣伝会議）など。

世界《せかい》のマーケターは、いま何《なに》を考《かんが》えているのか？

2021年 12月 1日 初版発行
2023年 4月28日 第5刷発行

発行 **株式会社クロスメディア・パブリッシング**

発行者 小早川幸一郎

〒151-0051 東京都渋谷区千駄ヶ谷4-20-3 東栄神宮外苑ビル

https://www.cm-publishing.co.jp

■本の内容に関するお問い合わせ先 …………………… TEL (03)5413-3140／FAX (03)5413-3141

発売 **株式会社インプレス**

〒101-0051 東京都千代田区神田神保町一丁目105番地

■乱丁本・落丁本などのお問い合わせ先 ………………………………………… FAX (03)6837-5023

service@impress.co.jp

※古書店で購入されたものについてはお取り替えできません

カバーデザイン・図版 城匡史

本文デザイン・DTP 荒好見

印刷・製本 中央精版印刷株式会社

ISBN 978-4-295-40624-2 C2034

プラットフォーム

STORE Projects（イギリス）

STORE Projectsは、ロンドンにある小さなデザインショップで、地元のデザイナーによるさまざまなクリエイティブなワークショップを放課後に開催しています。ワークショップで制作された作品は店内で販売され、売上のロイヤリティーは生徒が選んだ慈善団体に寄付されます。

@storeprojects

Sojo（イギリス）

23歳のJosephine Philipsが今年初めに立ち上げた、ロンドンを拠点とするアプリ「Sojo」は、ユーザーと仕立て屋を結びつけ、服の引き取りと配送を行います。このサービスは、エコロジーに関心が高く、古着を愛用している世代にアピールしており、すでに持っている服をカスタマイズしたり、改造や修理をしたいけれど、自分でやるには技術も時間も足りないという人に最適です。

@sojo_app

Heat（イギリス）

イギリスを拠点とするファッション・ミステリー・ボックス・サービス「Heat」は、ストリートウェアの定番商品から高額商品まで、さまざまな専門分野のミステリー・ボックスを提供し、購入者にボックス以上の価値を持つ貴重な商品のセレクションを約束します。

@heat

Goodfair（アメリカ）

Heatと同様のモデルで、米国を拠点とするGoodfairは、予算内でミステリーボックスを購入することができます。これは、廃棄されて埋立地に送られようとしている服や中古品の中から、購入者のためにユニークなボックスがつくられるというもので、スリフト・フリップ世代に人気の「#No NewThings」の考え方を支持しています。

@goodfair

Maza（イギリス）

Maisie Pennは、PRの仕事をロックダウンで失った後、キャンドルづくりを始めました。現在、彼女は自分のブランドMazaを運営しており、彫刻のようなキャンドルの他、小さなタイル張りの家具やセラミック製のアクセサリーを販売しています。これらはすべて、南ロンドンにある彼女のホームスタジオでつくられています。 **@bymazauk**

Pepper Loves（イギリス）

ロンドン近郊の自宅のキッチンテーブルでPepper Lovesを経営しているHannahは、解雇された後、ロックダウン中に会話のきっかけとなるキャンドルをつくり始めました。彼女の書道家としての経験から、ロウソクの文字に面白いスローガンを入れてデザインしています。彼女はすでに、H&M、Asos、Lazy Oafなどの大手ブランドから依頼を受けています。 **@pepperlovescandles**

Sebastian Sochan（イギリス）

ポーランド生まれでイギリス在住のアーティスト、セバスチャン・ソーチャンは、気まぐれなミニラグ（テーブルマットとして使用）や、くねくねした樹脂製のブックエンドをつくり始めてから1年も経たないうちに、ロンドンのデパート、セルフリッジでポップアップを開催し、オンラインでは定期的に在庫が完売しています。 **@imnotu**

TinyMakesThings （アメリカ）

サンノゼを拠点とするTinyMakesThingsは、ペイントとニスを施したポリマークレイを使って、オリジナルのキーボードキャップを制作しています。このデザイナーは、YouTube、Instagram、Twitch、Twitter、Patreonなどで商品を販売し、デジタルネイティブな視聴者を獲得しています。

@tinymakesthings

Carb Club （イギリス）

ロンドン在住のジョディー・マリオット・ベーカーは、陶器のお皿やボウルに、食べ物を肯定する派手で楽しいスローガンを鮮やかな色で手描きし、ハートやヒョウ柄をあしらっています。彼女はEtsyで販売し、TikTokで新しいデザインを宣伝しています。また、ピンクの発泡スチロールビーズや手書きの感謝状、花などを使ったパーソナルなパッケージにも注目しています。彼女は宣伝効果を狙って1滴ずつ販売していますが、その効果は絶大で、1滴がわずか17分で完売しました。

@carbclub__

Al's Place（イギリス）

イギリスのデザイナー、アリス・ケリーは、波状の花の形とパステルカラーのタフトミラーを制作しています。Z世代の美意識に訴えかけるヴィンテージ感と可愛らしさを備えた作品は、瞬時に装飾効果を発揮します。

@als__place

Flex Factory （オーストラリア）

オーストラリアのDJ兼インフルエンサーのFlex Mamiは、ホームウェアやギフト用アクセサリーの独自のラインを開発・販売するために、Flex Factoryストアを立ち上げました。商品には、ユーモラスな文言やスマイリー、彩度の高いパターンが施されており、デジタルカルチャーが好きな人々にアピールしています。最近では、セックスや自己啓発、心の健康などをテーマにした、会話のきっかけとなるカードゲームのシリーズを発売しました。

@flexfactory.store

Bougie Woogie（フランス／アルゼンチン）

Bougie Woogieは鮮やかなパステルカラーのパレットに花をモチーフにしたフォルムのホームアクセサリーを制作しています。このスタジオでは注文に応じて作品をつくっています。主にInstagramで活動しており、デジタルネイティブな顧客にアピールしています。

@bougiewoogie____

Original Rose（アメリカ）

Original Roseは、ニューヨークの植物デザインスタジオで、スポーツやストリートウェアにインスパイアされた型破りな鉢や花瓶でハイプカルチャーを取り入れ、家の中に若者のスタイルを取り入れています。

@originalrose

Zoe Schlacter（アメリカ）

ニューヨークを拠点とするテキスタイルデザイナーのZoe Schlacterは、鮮やかなコントラストカラーと大胆な幾何学模様のソフトファニッシングを制作しています。その作品は、性別による固定観念を覆すもので、Schlacter氏のノンバイナリーとしての経験が生かされています。

@zoeschlacter

Studio KJP（スウェーデン）

Studio KJPは、スウェーデンのテキスタイルアーティスト、キャサリン・ジーン・プラムの楽しいフラワープリントを、携帯電話ケース、寝具、ブランケット、タオルなどに展開しています。

@kjplumb

Arowm（ニュージーランド）

マオリの人々が住んでいた村であるキリキリロアのホームスタジオで運営されているニュージーランドのスタジオ「Arowm」は、ソーシャルメディアに向けて、キャンディーカラーのパステルカラーを使った彫刻のようなキャンドルやアクセサリーを制作しています。

@arowm

ライフスタイル

ban.do（アメリカ）

ban.doは、大胆なグラフィックと鮮やかな色使いの文房具やパーソナルアクセサリーを販売しています。自分自身のことを、振り返ってみることをオススメするジャーナル記事や、「ポジティブに自分を愛する」というスローガンが書かれたカードなど、Z世代の感情に訴えかけています。

@shopbando

DOIY Design（スペイン）

このスペインのブランドは、インテリアに楽しい個性を吹き込む、一風変わったホームアクセサリーやギフトが得意です。女性らしさや自己啓発をテーマにしており、Z世代の先進的な考え方にアピールしています。

@doiydesign

Poketo（アメリカ）

LAを拠点とするこのスタジオは、スタートアップから総合的なブランドへと成長し、アーティスティックな品質を備えた文房具やホームアクセサリーなど、手頃で楽しくカラフルな製品を販売しています。

@poketo

Skinnydip（イギリス）

Skinnydipは、2011年に楽しい携帯電話ケースを発売しました（最初のiPhoneが登場して間もない頃）。それ以来、Z世代のためのワンストップショップとして成長してきました。

@skinnydiplondon

CASETiFY（アメリカ）

このアメリカのレーベルは、NBA、BlackPink、Carrots、Disney、Championなどの一流ブランド、デザイナー、アーティストとコラボレーションし、人目を引くインスタ映えするスマホケースを制作しています。

@casetify

Megababe Beauty（アメリカ）

Megababe Beautyは、さまざまな体型やサイズの女性を対象としたクリーン・パーソナルケア・ブランドです。太ももの擦れや胸の汗など、美容やパーソナルケアの分野では長い間無視されてきた女性の体の不快感に対処することを目的とした製品を展開しています。

@megababe

Penguin CBD（アメリカ）

Penguin CBDは、Z世代に焦点を当てたCBDサプリメントブランドで、CBDが人体にもたらす効果をアピールしています。2019年のForbesのデータによれば、Z世代の消費者は、CBDを使用する可能性が全米平均の2倍あると言われています。

@penguin

Laka（韓国）

ジェンダーニュートラルな韓国のメイクアップブランドLakaは、美容業界における時代遅れのジェンダー固定観念に挑戦し、表現、エンパワーメント、個性を促進しています。

@laka.official

Tony Moly（韓国）

Tony Molyは、楽しいアイデアと効果的かつ手頃な価格の製品を融合させたブランドです。Moisture Boost Cooling Algae Eye Serumのクジラのようなカワイイ動物のパッケージは、キッチュなZ世代の美意識にアピールしています。

@tonymoly._street

Peripera（韓国）

Periperaは、強い自己意識と個性を持つ、若くて自立した女性をターゲットにしています。ブランド名は、ペルシャ神話に登場する妖精「ペリ」に由来しており、女性の魅力と若さの象徴となっています。

@peripera_official

Superfluid（イタリア）

イタリアのスキンケア・メイクアップブランド「Superfluid」は、ジェンダーを含むコミュニティとして誕生しました。美は心身の健康を促進し、消費者のアイデンティティをナビゲートするツールになり得る、という考えを広めています。 **@superfluid___**

Stryke Club（アメリカ）

若い男の子向けのスキンケア製品のカテゴリは、まだほとんどプレイヤーがいない状態です。アメリカの新興スキンケア企業であるStryke Clubは、この市場の先駆者として、少年たちにスキンケアの知識を提供し、スキンケアを習慣してもらえるようにしています。 **@strykeclub**

Fluide（アメリカ）

Fluideは、性別や肌の色を問わず、楽しくて素敵なメイクアップを提供しています。プラットフォームを提供し、クィアやジェンダーにとらわれないアイデンティティの声を増幅することで、自由な自己表現を促すことを目指しています。 **@fluidebeauty**

Bask Suncare（オーストラリア）

Bask Suncareは、環境に優しい日焼け止めです。皮膚がんの予防を目的としていると同時に、人々がワクワクして身につけたくなるようなサンケアを目指しています。 **@bask_suncare**

Bleach London（イギリス）

Bleach Londonは、大胆な髪の色で遊びたいと思っている実験的な精神をもつZ世代の消費者のために、テクニカラーの夢の家庭用染毛剤を提供しています。 **@bleachlondon**

Milk Makeup（アメリカ）

Milk Makeupは、自己表現とコラボレーションで成り立っており、既存のルール破ったり、実験をすることや自己愛を支持しています。ジェンダーにとらわれないキャンペーンと、不遜なユーモアで、日常の美に対する認識に挑戦しています。 **@milkmakeup**

The Ordinary（カナダ）

カナダの美容コングロマリットDeciemが所有するスキンケアブランドThe Ordinaryは、低価格でありながら高級品のような使用感を兼ね備えています。その破壊的な理念は、率直さと公正さにしっかりと根ざしており、効果的で高度な美容製品を誠実な価格で提供しています。 **@deciem**

The Inkey List（イギリス）

The Ordinaryと同様に、スキンケアブランドThe Inkey Listのコアバリューは、有効成分を過剰に請求することなく、結果を重視した製品を提供することです。 **@theinkeylist**

Rare Beauty（アメリカ）

アメリカの歌手、セレーナ・ゴメスが設立した化粧品ブランド「Rare Beauty」は、非現実的な完璧さの基準を打ち破り、メンタルヘルスをブランドの中核に据えています。最近では、米国のメンタルヘルス団体である全米精神病連合（NAMI）と提携し、「Beauty Cares」キャンペーンを展開しています。このキャンペーンは、精神疾患に対する認識を高め、美容ブランドをスティグマのないリーダーとして位置づけることを目的としています。 **@rarebeauty**

PLUS（アメリカ）

環境にやさしいパーソナルケアブランド「Plus」は、少量の水で泡立つ「水なしボディウォッシュシート」を販売しています。木材パルプの小袋に入っていて、水と一緒にシャワーで流すとすぐに溶けます。 **@cleanwithplus**

ITEM Beauty（アメリカ）

アメリカのTikTokパーソナリティ、Addison Raeが共同で設立したITEM Beautyは、健康的な自己愛と、自分を表現して不完全さを受け入れるための楽しい方法として生まれました。

@itembeauty

Squish Beauty（イギリス）

イギリス人モデルのCharli Howardが設立したSquish Beautyは、多様性を尊重し、誰もが自分の肌を受け入れ、楽しむことができるようになることを目指しています。若者には本物の肌を見せるべきだと考え、モデルの体に一切手を加えない美容キャンペーンを展開しています。花のニキビパッチは、消費者が吹き出物を受け入れるように促し、ニキビを楽しくするものです。

@squish.beauty

about-face（アメリカ）

米国の歌手Halseyの新しいメイクアップライン「about-face」は、多様で芸術的なコミュニティからインスピレーションを得ています。インクルージョンを追求し、誰もが使える多次元的なメイクアップを実現し、一人ひとりのあらゆるバージョンを祝福します。

@aboutfacebeauty

Crete（アメリカ）

米国のラッパーのLil Yachtyがつくったビューティブランドです。彼は最近、ユニセックスなネイルポリッシュのラインを発表しました。Creteは、誰もがネイルペインティングを楽しめるようにデザインされており、時代遅れのジェンダー規範に挑戦しています。新しい時代の男らしさを表現し、自由な自己表現と創造性を奨励しています。

@crete__co

Fussy（イギリス）

Fussyは、詰め替え用の植物由来のデオドラントブランドで、地球環境への意識が高いZ世代の人々に支持されています。フレッシュで明るくポップな色使いは、インスタグラム世代にもアピールしています。

@getfussy

ビューティ

Topicals（アメリカ）

湿疹、色素沈着、乾癬などの慢性的な皮膚疾患に対して、従来とは異なるアプローチで対処する、Z世代に特化したスキンケア製品です。

@Topicals

Kulfi（アメリカ）

化粧品ブランドKulfiは、遊び心のある表現力豊かなメイクアップで、南アジアの美意識と文化を称えています。このブランドは、南アジア系の人たちの顔色を引き立てるためにデザインされた5種類のアイライナーを発売しました。創業者のPriyanka Ganjooは、今の美容業界には、南アジアの人々が少ないと感じ、声をあげています。

@kulfi.beauty

Kinship（アメリカ）

スキンケアブランドのKinshipは、ハイコンシャスな人向けのブランドです。その製品は、入手しやすく、環境に優しく、意識的にパッケージされており、クルーエルフリーです。ターゲットであるZ世代にリーチするために、若者に焦点を当てたカラフルで多様なビジュアルを使用しています。

@lovekinship

Starface（アメリカ）

Starfaceは、遊び心のあるニキビパッチを使って、ニキビを恥ずかしいものではないものとして肯定する運動を推進しています。

@starface

PSA（シンガポール）

PSAは、Allies of SkinのZ世代向けサブブランドで、すべての肌タイプ、色、状態を包含し、性別や性的アイデンティティに関係なく、すべての人のユニークで表現豊かなアイデンティティを表現することを称賛しています。また、100%リサイクルされたパッケージ素材を使用するなど、サステナビリティにも力を入れています。

@psaskin

Hope Macaulay（アイルランド）

25歳の北アイルランド人デザイナー、Hope Macaulayは、鮮やかでチャンキーな作品を、オーダーメイドでひとつひとつ手編みしています。オーバーサイズのジャンパーやカーディガン、編み込みのドレスやツーピースなど、彼女の居心地の良い服は、パステル調の色使いと独特のシルエットによって、すぐに見分けがつきます。 **@hope.macaulay**

Thirty Years（アメリカ）

Z世代のタイラー・ランバート氏が立ち上げ、デザインしたThirty Yearsは、インクルーシブでありながら、向上心のあるエクササイズウェアブランドです。洗練されたミニマルなカラーパレット、シンプルな製品セレクション、豊富なサイズ展開が特徴で、スタイルと機能を完璧に融合させたルームウェアとワークアウトウェアを提供しています。

@thirtyyears

No Sesso（アメリカ）

ユニセックス・ブランドのNo Sesso（イタリア語で「性別がない」という意味）は、DIYやアップサイクルに力を入れています。未加工の裾やパッチワークなどのディテールは、着る人の思考や才能、アイデンティティの集合体であることを反映しています。

@nosesso

Social Tourist（アメリカ）

Dixie D'AmelioとCharli D'Amelioの姉妹（後者はTikTokで現在最もフォローされている人物）によって設立されたデジタルファーストブランドです。ソーシャルメディアに精通しており、TikTokマーケティングの利点を強く認識しています。ジェンダーニュートラルなコレクションを取り入れることで、Z世代のノウハウを活かしたブランドとしての地位を確立しています。

@socialtourist

Hundred Club（イギリス）

ロンドンを拠点とし、ジェネレーションZに人気のラウンジウェアブランド「Hundred Club」のパーカー、Tシャツ、スウェットパンツを展開しています。アイテムには、遊び心のあるロゴや、心を和ませるポジティブなメッセージが描かれています。過剰在庫や過剰生産を避けるために、各デザイン100枚のみを印刷し、定期的に新しいスタイルを発表しています。

@wearehundredclub

The Ragged Priest（イギリス）

抽象的なプリント、奇抜な色の組み合わせ、パッチワークスタイルのTシャツなど、デニムの定番アイテムに加えて、Y2K(2000年代に流行ったファッションのこと)のトレンドを再評価しています。

@theraggedpriest

The Local Love Club（アメリカ）

ロサンゼルスを拠点とするルームウェアブランド「The Local Love Club」は、優しさと自己愛のメッセージを発信し、「女性ファウンダーが、愛をもって経営をしている」ことを誇りとしています。快適さと贅沢さの境界線を曖昧にすることを目的としたこのブランドの理念は、コミュニケーションにおける共感と無防備さの必要性に基づいており、Z世代が求める「本物のつながり」に敬意を持ってアピールしています。

@thelocalloveclub

Lisa Says Gah（イギリス）

Lisa Says Gahは、「反ファストファッション、親コミュニティ」を自負しており、ほとんどがデッドストック品を再構成したものです。デッドストックを使うことから、コラボレーションとパートナーシップを結ぶことを重視しています。また、Lisa Says Gahは、小規模なレーベルやデザイナーとのコラボレーションを重視しており、限定コレクションをしばしば発表しています。

@lisasaysgah

Shekou Woman（ニュージーランド）

ニュージーランドを拠点とするShekouの大胆なプリントやY2K風のアイテムは、Z世代の美意識にぴったりマッチしています。リサイクル素材やパッケージを重視したり、商品の入荷を待つ仕組みを導入したりと、透明性を重視しています。

@shekouwoman

ファッション

Lucy & Yak（イギリス）

鮮やかな色のダンガリーシャツとコンフォートウェアに特化した英国のインディーブランド（大胆な80年代風のレトロプリントもあります）。環境意識が高く、オンラインでは個人のエンパワーメントと個性を重要視しています。 **@lucyandyak**

Lirika Matoshi（アメリカ）

ブランド名の由来となった25歳の女性を中心としたチームで構成されているLirika Matoshiは、ドリーミーで逃避的なストロベリードレスの大ヒットを受けて、ソーシャルメディアをブランドアイデンティティの重要な要素として取り入れました。ニューヨークとコソボの工場を拠点に、持続可能性と倫理的な生産を優先し、その舞台裏を紹介するSNS上のコンテンツが人気です。 **@lirika.matoshi**

By Megan Crosby（イギリス）

スローファッション・レーベルとして有名になったBy Megan Crosbyは、スイートなパステルカラー、ガーリーなプリント、ボリュームのあるシルエットを好み、サステイナブルなファッションに楽しさと彩りを加えることを目的としたオーダーメイド・モデルを展開しています。彼女の作品はすべて、オフカットやデッドストックの素材を使用し、エコテックス認証の環境にやさしい染料を使用しています。 **@bymegancrosby**

The Hippie Shake（イギリス）

The Hippie Shakeは、70年代にインスパイアされた新しいコレクションとヴィンテージの両方を提供しており、レトロでノスタルジックなものが大好きで、大胆なプリントや派手な色が好きなZ世代に直接アピールしています。 **@thehippieshake**

Peachy Den（イギリス）

ロンドンを拠点とするPeachy Denは、洗練されたルームウェアの定番や、TikTokで人気のジャンプスーツで知られています。ジャンプスーツの人気が高まるにつれ、色や素材のバリエーションが増えていますが、定番は、やはりルームウェア商品です。 **@peachyden**

巻末特典

Z世代に
支持されている
ブランド60

»»»